名师名校名校长

凝聚名师共识
回应名师关怀
打造名师品牌
培育名师群体

着心分享
行成于思

ZHUOXIN FENXIANG XINGCHENG YUSI

小学数学分享式教学的实践研究

刘 霞 / 著

东北师范大学出版社

长 春

图书在版编目（CIP）数据

着心分享　行成于思：小学数学分享式教学的实践研究 / 刘霞著. — 长春：东北师范大学出版社，2022.5
ISBN 978-7-5681-9036-7

Ⅰ. ①着… Ⅱ. ①刘… Ⅲ. ①小学数学课—教学研究 Ⅳ. ①G623.502

中国版本图书馆CIP数据核字（2022）第080910号

□责任编辑：石　斌　　　　　　□封面设计：言之凿

□责任校对：刘彦妮　张小娅　　□责任印制：许　冰

东北师范大学出版社出版发行

长春净月经济开发区金宝街 118 号（邮政编码：130117）

电话：0431-84568023

网址：http：// www.nenup.com

北京言之凿文化发展有限公司设计部制版

北京政采印刷服务有限公司印装

北京市中关村科技园区通州园金桥科技产业基地环科中路 17 号（邮编：101102）

2022年5月第1版　2023年1月第1次印刷

幅面尺寸：170mm×240mm　印张：12　字数：181千

定价：58.00元

致敬！一位特级老师的追求

（代序）

接到刘霞老师的书稿我是很诧异的，尤其是让我写序。这是她第二次让我感到意外了。

第一次让我意外的是成立了陕西省刘霞名师工作室后，她把分享式教育教学作为工作室的重点研究课题。

省部级以上直接涉及分享式教育教学的立项课题应当不会少于50项，正式出版的分享式教育教学的专著也有10多部，而由我作序的这是第9部。为什么我会因刘霞老师的立项和出书作序而感到惊奇呢？

因为刘霞老师是特级教师！

我提出分享式教育教学的理念和做法后，并不是所有的老师都认同。有的专家见到我指导的课气青了脸，有的老师当面直接冲我拍桌子，有的老师在黑板上"奋笔疾书"：不可能！不现实！

正因如此，我把分享式教育教学的实践推广分成了三个阶段。

第一阶段：教师、校长认可，这一阶段是做出成效。

第二阶段：专家认可，这一阶段是理论完善。

第三阶段：政府推广，这一阶段需要课程化。

这是一个漫长的过程。

把专家认可放在教师、校长认可之后，并不是说所有特级教师和专家都排斥分享式教育教学。

在特级教师中，也有吴正宪老师、衡菊芳老师、徐长华校长、阳海蓉老师及这本书的作者刘霞老师成为分享式教育教学的积极推介者和实践者（游琼英、刘友华等是在实践分享式教育教学后获得特级称号者，不在此列）。吴正宪老师在北京成立了"合作—分享"课题组，最令人感动的是她亲自尝试，课后虚心向普通的一线老师请教实践中遇到的问题和困惑。徐长华校长博览群书，纵观百家，在全校实践分享式教育教学的基础上，写出了长篇报告《我们为什么选择分享式教育教学》，引发广泛反响。而刘霞老师在本书中多有提及。

我为什么提到这几位特级老师？

因为分享式教育教学的发展能得到这些特级教师的认同，表明正进入分享式教育教学发展的第二阶段专家认可。虽然人数还屈指可数！

一个人接受新的事物、改变自己原有的认知是困难的，尤其是特级教师、教学能手、教学专家，他们有用自己的经历和实践证明成功的以详细讲解为主一套经验和理念，他们的不接受、不认可不教的教学方法从某种意义上来说是一种责任、是一种良心、是一种操守。我能够理解并很欣赏他们的这种坚守。

而刘霞老师能够在屈指可数的特级教师中立转船头，并且有了成果，这不能不让我感到惊奇和钦佩！

那么，分享式教育教学与传统的教学相比，有哪些不一致的地方呢？或者说，刘霞老师立转船头体现在什么地方呢？

书中，刘霞老师给我们总结了教师应做到的九大转变：

由"权威"向"非权威"转变，由"指导者"向"促进者"转变，由"导师"向"学友"转变，由"灵魂工程师"向"精神教练"转变，由"信息源"向"信息平台"转变，由"一桶水"向"生生不息的奔河"转变，由"挑战者"向"应战者"转变，由"统治者"向"平等的首席"转变，由"园丁"向"人生的引路人"转变。

书中说的是教师，也是在说自己。我想强调以下两点。

第一，教学视角的转变：由"物"到"人"的转变。

在过去的教学中，或者说在主流媒体中，人们特别强调读懂教材和读懂课标，而分享式教学特别强调读懂学生，尤其是在课堂中读懂学生。

我们看下面一句话："每一位教师都需要对《数学课程标准》、教材内容与要求有一个重新认识的过程。"有问题吗？我们大多数的专家都是这么说的。但是你看一下这本书中刘霞老师怎么说：

"每一位教师都需要对学生、《数学课程标准》、教材内容与要求有一个重新认识的过程。"

不要以为就是加了两个字。这是由"物"到"人"的转变！这是由"冰冷知识"到"人间温情"的转变！当然，真正把"学生"放在我们老师心里并不容易，甚至需要相当长的时间。

特级教师、广西师资培训项目专家组成员、广西教材审查委员会成员、柳州小学语文教学的领军人物莫雪莲校长有过感叹："所有的专家、特级教师口口声声提'课标'，看到的都是'课标'，可是任老师告诉我们不要提'课标'，我就见老师们懵了。"

我相信大多数人也是懵的。而刘霞老师保持了职业的清醒，视角转到了学生身上。这种以学生为主的转变成为本书的基础，"学生"一词在刘霞老师的书中出现频率达1600次。

第二，教学实践的转变：由"基于教师讲的教学设计与实践"到"基于学生学的教学设计与实践"。

课改二十年来，我们口头上说着相同的理念，但在落实上并不相同，也不尽如人意。我们的教学还多是"教师讲授、学生倾听"的被动式的，也就是说，我们的言行是不一致的。我希望老师用"四个一致"来反思我们的教育教学：

"我们喊的口号、我们对他人的要求、我们日常中做事的方式与我们在课堂中对学生的要求"一致吗？

孙晓天教授直言："这四个一致太难了。"

如果我们说一套做一套，那么我们的教育会怎样？我们说着"学生是学习的主人"，而在教学中学生稍有与教师预设不同，教师就用手中的权威进行

"纠偏",这是我们师生想要的教育吗?

很高兴我们在本书中看到了"基于学生学的教学设计与实践"。书中附有大量实践案例,大家可以参考比对。当然,这些案例不会完美,还是起步阶段的尝试,我倒希望大家能结合"四个一致"用发展和批判的视角来研究这些课例。

我很高兴给刘霞老师的书写点文字,因为这本书在分享式教育教学发展中有突出的意义。

前面我谈到分享式教育教学发展的三个阶段,第一个阶段是不是已经达到? 刘霞老师在书中写到了"课堂悄无声息的变化":

在课堂练习实施"有效分享"策略以后,我们的老师、家长和学生都发生了巨大的变化:我们的课堂活跃了,精彩了,有效了。从理念到内涵逐步地从"讲堂"走向"学堂",从"接受"走向"探究",从"单一"走向"综合",从"统一"走向"多样"……老师驾驭课堂的能力也逐渐增强,主导作用越来越恰到好处,课堂效率,尤其是学习效率真正提高了。学生们都能积极参与课堂学习的过程,敢想、敢说、敢做、敢问、敢评、敢教,从容、自信,真正成了课堂的主人。

现在我们的课堂上,学生的文字、语言表达能力普遍增强,形象思维、抽象思维、发散思维、批判思维等多种思维能力得到普遍发展,自学能力、探究能力、评价能力、分析问题、解决问题的能力以及数学素养等各个方面都有大幅度的提升。

学生慢慢学会了与人合作、善于思考、敢于质疑、勇于创新、乐于展示。

我看重的是最后一段,这说明立德树人、社会主义核心价值观在落地,这也是我们教育教学中长期难以破解的问题。

而刘霞老师的工作正把分享式教育教学的发展推进到第二阶段。

作为特级教师,又是学校管理领导的刘霞老师,在近1800万教师中,其转变已有的教学观念和教学方式,会有怎样的痛苦和艰难?

我仍然引用莫雪莲校长的话:

"我在想,要颠覆几代人传承下来的教学方式很难,我的老师是这样教我的，我这样教孩子们，还有可能会继续这样教下一代，真的是非改不可的。如果我们抱定非改不可的决心，千万不要再当课堂的主角，真的要'痛改前非'，但是这种改变肯定是很痛苦的。"

这种痛苦也许只有刘霞老师自己知道。但她在默默地做，还带了一群人，并且拿出这么一个成果。我说这本书应当叫："一位特级教师的痛苦转身"。刘霞老师说："这是下一本书的书名。"

这不禁让我再次向刘霞老师致敬。

无论前途有多坎坷，无论身负多少不舍和痛苦，她也要沿着这条路走下去。前人摸着石头过河，她要让后人在自己的肩头扛起的大桥上阔步走过！

这是一位特级教师的风范！

致敬先行者！

感恩先行者！

致敬刘霞老师！

致敬拿到此书开始实践的每位思想者！

任景业

2022年3月11日于深圳

仰望星空追梦想，脚踏实地求卓越

——做分享式教学改革的先行者

（自序）

梦想是人生前行的指路灯，我将为我的教师梦想努力拼搏，在经历挫折中学会学习、学会反思、学会研究，使自己在师德为本、业务精湛、富有爱心、持之以恒、终生学习的五个启示中，努力成为最优秀的人，努力培养"更优秀的人"！

一个梦想

我的妈妈是一位小学教师，后来成为一名小学校长。从小我就羡慕妈妈，也梦想自己长大后成为一名小学教师。可是，妈妈深知当教师的辛苦，坚决反对我当教师。但初中毕业时，我还是义无反顾地报考了西安师范学校，不到17岁就成为一名小学教师，终于梦想成真。

两次动摇

进入校门，刚登上讲台，我无所适从，心里出现过动摇：是不是自己不适合当教师。对于我而言，刚工作一年就担任六年级的数学教师，身上的担子确实不轻。我只比六年级的学生大四五岁，一开始上课，很多学生都不好好听讲，课堂上乱糟糟的，我说也没用，喊也不听。当时我在想，自己能当教师吗？我的师傅——特级教师甘守琪听完我的课说道："要让学生喜欢数学课，首先要喜欢上你这个老师，你的课堂要有趣，学生才能喜欢上你！"甘老师的话对我启发很大，我开始认真钻研教材，利用节假日通读了1~6年级的数学教材、教参、教学大纲等。在夜深人静时，我仍深钻教材，认真备课。在课堂教学过程中，我采用多种方法调动学生学习的积极性，让学生爱上数学课。工作不到三年，我就在区级教学大赛中获得一等奖。

参加省级教学能手评选的历程是艰辛的，尤其是在比赛的第二年，我的第一个孩子流产了，在内心和身体备受煎熬时，我动摇了——还参加比赛吗？但是，内心个声音告诉我：你一定要成为一名优秀的教师。于是，第二天，我精神百倍地去上课。经过每一次的磨炼，我逐渐成长起来，向着名师的目标前行。我的省级教学能手的成长事迹被《新城宣传》报道。

三次落泪

在成长过程中，我遭遇过挫折、失败，在反思中我多次落下泪水。

刚参加工作时的第一节公开课结束后，我哭了。"哪个字的笔画顺序是错的""哪个数字拐弯拐得不对""没有关注学生，只是完成教案"等。我没有想到听课的老教师听得那么认真，评论得那么仔细，这一句句的评价让我感到无地自容，这节课永远烙印在我的脑海中。我想：要倒给学生一杯水，自己必须得有一桶水。从那以后，我开始重视自己、提高自己。1992年，我取得了陕西师范大学夜大汉语言文学大专的文凭，2003年取得了本科学历证书。

在一次教学观摩中，我承担了新教材的教学工作，在备课和试讲的过程中，我遇到了种种困难。我脑中一片空白，苦思冥想地将自己多年的教学经验像过电影一样尝试着运用。慢慢地，教学内容丰富了，手段新颖了，积累的东西也越来越多了，我终于感到心里有点底了。可在试讲的时候，意想不到的事情发生了。一年级学生是单纯、真实的，他们不懂得怎么配合教师，三次试讲的效果一次不如一次，最后一次我已经筋疲力尽，连上课的状态都没有了，学生像一盘散沙，无趣地上着我的课。试讲之后，一位教研员说我只顾着完成教学内容，两个学生在下面打架我都不知道，这堂课不能代表西安市教师的教学水平，还是取消算了。听了他的话我如释重负。可没想到市教研员说："不行，通知已经印好了，不能改变。"我真是当头一棒，连放弃的权力都没有？我脑海一片空白，无法用语言来描述我当时的心情。回到家，我大哭了一场，明早的课该怎么办啊，我将要展示一个反面教材。这时电话铃响了，教研员王老师亲切地对我说："刘霞，你不要有太大的压力，任何成功的道路都是坎坷的，只有经历迂回和曲折才能再上一个新的台阶。这只是一个交流活动，重在参与，贵在提高，不要有任何思想负担。"听了王老师的话，我的心情渐渐平静了。我重新整理思路，将复杂的头绪简单化，形成了新的教学设想。第二天，轮到我上场了，也不知是哪里来的精神和勇气，我站在讲台上，看着学生们那一张张天真的笑脸，那一双双清澈的明眸，还有那一句句稚嫩无邪又充满灵气的话语，我的心被融化了。我像变了个人一样，完全投入到了教学的艺术之中，展示着自己的魅力和独特的教学方法，终于赢得了全场的掌声。我突然感觉自己的心情是如此的愉快，也感受到了成功带来的巨大喜悦。这次教学使我快速成长起来，为以后的课堂教学打下了良好的基础。

在申报特级教师的道路上，我几经坎坷，经历了九年五次申报，最终在2013年被评为陕西省特级教师。2004年，才32岁的我第一次开始申报特级教师（当时的文件是只要连续三年获得省、区、市教学能手称号就可以申报特级教师，1996—1999年，我连续三年获得市以上教学能手称号，符合条件），年轻的我还是由于经验不足败下阵来。不服输的我过了两年（特级教师两年一申报），2006年再次申报，还是没成功。2008年第三次申报，2010年第四次申报，2012年第五次申报，经过2013年一年的培训，我终于成为陕西省特级教师。申报材料被退回时，我哭过，也曾经想过放弃，是于漪老师高尚的品质感染了我，她的话激励着我，要努力做一名"合格"的教师。所谓合格，就是不负祖国的期望、人民的嘱托。

四道力量

1. 自尊自强，为自己争气的内力

自从参加工作以来，从早到晚，我面对的都是天真活泼的学生。他们可爱的举动、幼稚的话语，使我从内心爱上了他们。不管哪个学生生病了，我都主动上门问候，哪个学生作业出现了问题，我便耐心讲解。有一次，学校大队部号召1、2年级出一个班为学校进行一次观摩队会，争强好胜的我便立即行动，借来小鼓让学生练习敲出节奏，借来道具给学生耐心编排节目。为了不影响别班正常上课，我让学生排节目时，尽量将门窗关上，叮嘱学生认真练习，细心纠正每个动作。功夫不负有心人，上班不到一学期，我辅导的二年级学生就成功召开了一次全校观摩队会。工作才一年，我就被评为区优秀辅导员、区优秀教师，所带的二年级（三）班被评为区先进班集体，组织召开的"做赖宁式的好少年"主题班会被评为新城区最佳主题班会。

2. 来自校领导关怀鼓励之力

我每一次的成功都离不开领导的支持和鼓励，这些支持和鼓励让我在前进的道路上勇往直前。

3. 身边老教师以及同事的关心帮助之力

每一次的比赛我都不是单枪匹马，而是一个团队在我身后，他们中有人帮我做课件，有经验的教师指导我，正是他们无私的付出，才有了我今天的成绩。

4. 父母的言传身教给予我的信任引导之力

母亲从教40年，言传身教对我的影响非常大。我的父亲是一名军人，他曾经对我说："要当一个士兵就要当一个最好的士兵，即当将军。你是一名教师就要当最好的教师。"在我的工作中，他们总是不断地提醒我；当我遭遇失败时，他们总是不断地鼓励我。也正是在父母的大力支持下，我才有了今天的成绩和收获。

五个启示录

1. 师德为本：将良好的师德作为自己的立身之本

我每次从区、市里比赛归来，都要给学生进行详细的汇报，力图用自己的亲身经历让学生明白一个道理：凡事必须努力，只要努力了，就会有回报；遇到失败，首先要检查的是，你努力得够不够，付出得多不多。在我的影响下，我班学生遇事争第一的欲望非常强烈。例如，主题队会要争取全区第一，卫生、纪律流动竞赛要争取全校第一；就是给贫困山区捐款捐物，我班的学生利用假期收集易拉罐600多个，也是名列全校第一。

但是，只注重个人努力还达不到一个理想的境界，因为人不可能像鲁滨孙那样单独地活着。要在社会上更好地生活，帮助别人在某种意义上正是帮助自己。

班上，曾有一个学习非常勤奋、成绩一直名列前茅的男孩，但他有明显的缺点：自私，不肯助人，对集体漠不关心，对同学相当冷淡，常常逃避扫地、擦黑板等卫生值日。我曾多次耐心地对他进行思想教育，但成效并不显著。一次，他不慎扭伤了脚踝骨，医生诊断后说，最少也得在家静养一个月。回家后，他哭了，因为正临近毕业，他怕在家养伤耽误了功课，影响毕业考试成绩。我亲切地劝他放心静养，并许诺每天到家里来给他补课。后来，我号召一些学习成绩好的同学一起组成补课小组，每天放学后，轮流到他家里为他补课。同时，我不失时机地对他进行关心集体、互帮互助的教育。一个月后，他如期返校。每天早晨大家还未进教室，他就已经把教室打扫得干干净净；在学习中，他还主动帮助学习差的同学解答疑难。大家都觉得，他如同换了一个人。

2. 业务精湛：打铁还需自身硬，作为一名教师就要成为一位名师

我逐渐形成自己的教学特色，我的数学课学生爱上，教师爱听。在《倍的认识》这节数学课设计方案中，我更是将快乐教学法发挥得淋漓尽致。我以一套动物图片为教具，以逛动物园引出新课，以动物们出题考学生为引线，让学生在玩中、摆中、画中、填中愉快地掌握新知识。这一节课在1994年新城区教学比赛中获得一等奖。这节示范课还刊登在《陕西教育》1998年第10期上。

在教学上，我不断地追求，寻求有效的课堂教学途径，让课堂成为学生自主学习的课堂，将"以说启思"的理念贯穿在教学中。2019年，我成为陕西省第三批中小学名师培养人。我以省级课题"小学数学分享式教学'有效分享'的策略研究"为抓手，深入研究，在教学实践过程中不断发现问题，并在课堂教学实践过程中解决问题，构建自己的教学新模式，形成自己的教学风格，走出一条属于自己的教学特色之路。经过一年半的培养，我于2020年10月被陕西省教育厅授予陕西省第三批中小学名师称号。

3. 富有爱心：热爱学生需要教师有爱的胸怀和诲人不倦的品格

好教师应当像父母一样，对学生的错误不斤斤计较，用宽阔的心胸去容纳学生的过错，并能智慧地提醒学生，用自己的爱心、诚心、耐心去教育学生、感化学生。只有热爱，才能投入，才能无私地付出。我心中时时装着学生，将"爱"贯穿于教学始终。

在一次数学课堂上，有个学生突然一头栽倒在地，不省人事。我当时就慌了，不知道是怎么回事。当大家七手八脚地扶起这名同学时，他的头在流血，人也处于昏迷状态。我赶紧给校医打电话，校医给学生处理了伤口，过了一会儿家长也赶来了，不停地感谢我，还说给学校添麻烦了。事后我了解到这个学生是癫痫患者，已经患病好几年了。我的心久久不能平静，我为孩子心疼，为家长难过。从此之后，我在数学课上非常关注这个学生，经常鼓励他，引导其他学生与他做朋友。我经常用赞扬的语气肯定他，用欣赏的眼光注视他。渐渐地，他感受到了这份爱，脸上常常露出笑容。在一次教师节来临之际，这个学生自制了一份贺卡送给我，那句"祝老师妈妈节日快乐"让我流下了热泪。这件事深深地触动了我，我暗自下定决心，要珍爱每一个学生，用爱教好学生，用爱上好每一堂课。

4. 持之以恒：勇于在教学中实践、探究，在教学改革上不断创新

光有爱心是不行的，作为一名数学教师还要有深厚的业务功底和高超的业务能力，这样才能激励、吸引学生主动听课。记得多年前在全市的一节公开课上，我要讲授高年级的复习课，这在当时是数学教学中的一个盲区，很多教师都不敢尝试。试讲之后，各位专家在点评的过程中毫不留情地指出了我的许多问题。我当时惭愧地低着头，强忍着不让泪水流出，我用书遮挡着脸害怕别人看到，当时真恨不得有个地缝钻进去。我第一次的大胆尝试是如此失败，但我并不甘心，我不相信我上不了复习课。此后，我经常像着了魔一样地边走边思考如何教学，朋友跟我说话，我会突然抬头问他你刚才说什么，我的脑海里全都是教学环节和教学过程。功夫不负有心人，我终于在全市的观摩课中得到了专家和教师的高度赞扬。也因为这一次，我勇敢地踏上了数学教改之路，连续多年为省、区、市教师做观摩研讨课，成为小学数学教学的引领者。

5.终身学习：要做科研型教师，不间断地学习

（1）学会学习。肖川博士说："读书籍报刊，经常会读到一些令人悠然心会的阐释或命题，领悟到一种理智的美，深邃的美。如果经常感悟到这种美，我们也会变得丰富、深刻和睿智。"可见，阅读是何等的重要，阅读对于教师的成长举足轻重。"教育者必须先学习"，教育在不断发展，教育理念在不断更新，只有自觉、主动地不断学习和积累，学习一些名家的经验总结，使自己少走弯路，学会借助他人的经验与智慧变成自我发挥的张力，努力提高各方面的素养，勤学广集，才能厚积薄发。

（2）学会反思。反思教育实验、反思教育行为、反思教育现象、反思教育理论，在反思中进步与成长，逐渐向成为教育家迈出坚实的一步。

（3）学会研究。苏霍姆林斯基提出，要善于分析自己工作中的各种教育现象、教学得失等。只有善于分析自己的工作的教师，才能成为有德行、有经验的教师。张人利特级校长的《后茶馆式教学》挑战现代教学的种种弊端，使我无不羡慕上海静安区教育学院附小的师生，他们能在轻松愉悦的氛围中学习，学生负担轻、学习效果好。这给予我们如何进行高效课堂研究以很多启发。小学教育科研，应该从记录自己的教育现象、记录自己的感受、记录自己的思考开始，把这些"珍珠"串起来，就是一条非常美丽的项链。教师要研究教学中的得与失，找出闪光点，指出不足之处，在研究中不断进步。

　　仰望星空，我把每一个学生都看作一颗闪亮的星星，希望繁星满天；脚踏实地，我用坚实的行动执着追逐着我的教育梦想，希望梦想成真。我深深地知道，做一个名师不是终点，而是新的起点。前路任重而道远，我将以此为起跑线，努力使自己成为最优秀的人，努力培养更优秀的人！

刘　霞

第四章　基于分享式教学的学生成长

第五章　分享式教学的实践案例

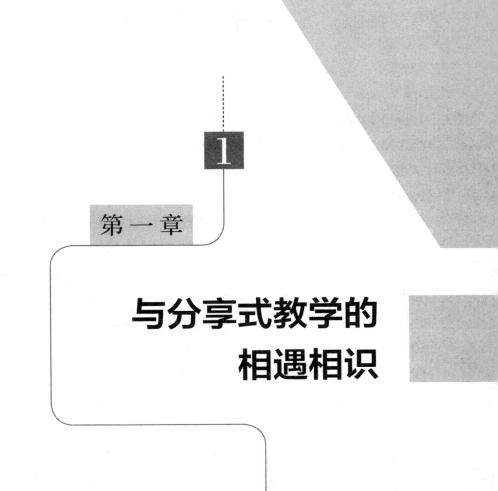

第 一 章

1

与分享式教学的
相遇相识

初见分享式教学

　　我于1989年参加工作，30多年来一直从事小学数学教学工作，无论成绩怎样，对于课堂教学的改革一直都没有停止过。过去的课堂以教师的教为主，现在的课堂以学生的学为主，在当前的形势下要落实以学生发展为中心的教学理念，随着这一阵清风，分享式教学与我邂逅。

　　2018年4月，我第一次接触分享式教学。分享式教学理论的倡导者任景业老师带着他的团队来到西安育英小学交流经验，四川师范大学附属圣菲小学的特级教师衡菊芳上了一节课，给我的印象特别深刻。衡老师先是在黑板上写了一道题，默默无声地坐在了最后排，学生很安静，是那种茫然的安静，大概是因为后面有一百多人听课，没有人敢说话。慢慢地，有按捺不住的学生开始小声说话，老师们也开始窃窃私语：这到底是上课还是没上课？时间一分一秒地过去了，坐在后面的衡老师仍旧一言不发。这时，默默等待的学生开始有了变化。有学生开始在本子上做黑板上的那道题了！其他的学生陆续地加入做题的行列。不到10分钟，全班的学生都行动起来了。这时衡老师终于开了口："这道题谁做完了，愿意同大家分享一下？愿意上台的同学自己上台。"学生们听到可以上台分享自己的答案，却都一动不动，听课的老师也都替衡老师捏了一把汗。

　　这时衡老师启发道："老师最喜欢有胆量的学生！"在一句话的鼓励下，学生立刻蜂拥而上，这时台上一下子站了十几个学生。衡老师没有马上解决这个问题，而是问站在台上的学生们："这怎么办呢？"这时有个打算悄悄退下的学生被衡老师拦住问道："你怎么下去了？"学生回答："台上人多，我下去让别人先说！"此时无须衡老师的评价，在座的教师从学生的答案中也找到了课堂初心问题的答案——我们的学生是有自己的规则的！

学生在黑板上展示着不同的算法，与台下评价的学生交流得不亦乐乎。而衡老师只是在倾听学生的声音，学生自说自评，乐此不疲，仿佛终于找到了真正属于自己的课堂。

可是听完这节课的教师眉头紧锁，众说纷纭：

（1）为什么老师不直接上课，而是一直在等待？

（2）教学环节不完整，只有新授环节没有练习环节。

……

但是学生们兴奋的眼神、积极学习的状态不由得冲击着我过去的教学理念，我想教师要培养有创新思维的学生，教师首先要敢于创新，分享式教学是一种改变教学方式的教学理念，它能够解放教师、顺应孩子天性。作为一名教学改革的先行者，从此我开始了分享式教学的实践。

什么是分享式教学？

在分享式教学实践中，我感受最深的是原先教师不停地讲，学生也不认真听，现在学生上台发言，教师说得少了，学生却表现得特别积极。

在听《变化的量》一课时，工作室的王老师在黑板上先板书课题，然后问学生：看到课题，你有什么想法？

生1：我想知道怎样变化。

生2：我想知道"量"是什么。

生3：变化就是变大变小。（回答生1的问题）

生4："量"就是"重量"。（回答生2的问题）

……

学生你一言我一语，对课题展开了激烈的讨论，课堂一下活跃了起来。

教师呈现两种情境：一个量变化，另一个量也随之变化；一个量取确定的值，另一个值也随之确定。教师让学生通过观察、思考、讨论、交流和分享知道在生活中存在着的大量相互依存的变量，以及两个变量之间存在着的对应的关系。

最后的分享交流活动，更是点燃了孩子们思维的火花。

生1：当汽车在行驶时，油箱里的油量随着时间的增加而减少。

生2：当灯在照明时，随着时间的增加，电量消耗得越来越多。（学生的思维已经从课堂上联系到了生活中）

生3：温度计里的水银随着温度的升高，高度也在升高。（学生的思维已经从事物的表面上升到了事物的内部）

正当大家积极发言时，班里有一名学困生悄悄地举起了手，站起来后，怯怯地说道，"我不知说得对不对，错了，请大家不要笑话我，"紧接着说："我发现爸爸吸烟时（边说边模仿着爸爸的样子），吸得越快，烟燃烧得越快。"说完之后，教室里响起了一片赞扬的掌声，大家都为他竖起了大拇指。

的确，在生活中，一个变量随着另一个变量变化的例子虽然有很多，但举例对小学生而言是很有挑战性的。有了前面的分享，学生在这个环节积极、精彩的发言场面让我记忆犹新，印象深刻。

在课堂上，学生呈现出的精彩太多，我不由得想把学生精彩的言论记录下来——这就是分享式教学带给学生的自信，给每一个学生插上了大胆想象的翅膀。

分享式教学能帮助学生学得更轻松。传统的教学是师问生答，主动权在教师，教师想让谁说谁就说，尤其在公开课上有些教师总让说得对的学生反复回答，没有教师愿意让一个从不发言的学生发言，一是怕耽误时间，二是怕他不会答冷场。而分享式教学以小组交流的形式，让每个学生在小组内发言，再在全班分享。如今课堂上学生争着上台跟大家一起分享，尤其作为小老师的学生站在大家面前，连平时胆小不爱说话的学生都带着自己的见解自信地站在讲台上，大声告诉同学们自己的想法。通过刚才举的案例，大家对分享式教学是否已经有了初步的认识？

那么，什么是分享式教学呢？

分享式教学指在教学时，教师把情境给学生，学生好奇地发现问题和提出问题，从这些问题中梳理和聚焦一两个能逼近本节核心内容的问题，让学生自主思考和探究，最后把探究的所得所惑与他人分享，并在分享中得到别人的欣赏和建议，获得成功的体验。

分享式教学的理念：

把情境给孩子，孩子好奇的眼睛会发现问题；

把问题给孩子，孩子好探究的大脑能想到办法；

把困惑给孩子，孩子好讲理的天性让思维更缜密；

把空间给孩子，孩子会在分享中品尝到学习的快乐。

分享式教学的二十四字教学方针：

生之所能，行之自然。

思之所欲，非抑非牵。

确有需要，出手相援。

分享式教学让学生敢于表达自己的想法，既锻炼了学生的语言表达能力，又让学生从成功中感受到了学习的快乐，而对于学习困难的学生至少有两次学习的机会。在小组交流中，每一个学生发表自己的观点，学习困难的学生也能得到组内同学的帮助。等台上同学分享完毕，台下同学会评价："我补充""我建议""我表扬"等。在这个环节，学习困难的学生对于刚才不懂的地方可以再听听大家的想法。教师则留心观察每个学生，在观察中发现问题，关注学生解决问题的思路，关心那些学习有困难的学生是否真正懂了。

如何进行分享式教学?

分享式教学基本流程：呈现问题—独立思考—小组交流—全班分享。学生会在小组交流过程中整合信息、梳理思路、完善方案，在做足准备的基础上进行分享，既提升了能力，又增强了自信。

成都市特级教师游琼英老师用分享式教学理念上了一节《用字母表示数》。课前游老师让学生根据题目提问题，学生提出许多问题后，游老师先引导学生找出核心问题为什么要用字母表示数以及怎样用字母表示数，再出示主图，让学生续写儿歌并用一句话来概括。学生先自己独立完成，再在小组中交流。游老师提出分享的要求如下：

（1）四人小组分工，每人讲一部分。

（2）先判对错，再举例说明原因。

（3）四人小组准备在全班分享。

在小组分享时教师让学生将不同的字母表示数的形式写在黑板上（图1-1）。

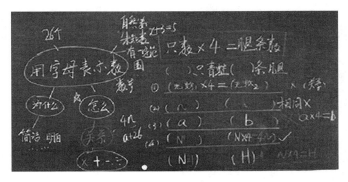

图1-1 分享

　　教学过程有三次探究问题，都是由学生独立完成的，在小组交流后全班分享。教师只是根据学生出现的问题及时调整课堂教学。比如，在课堂上学生出现了杂乱甚至错误的表示方法时，如"N只青蛙M张嘴，E双眼睛F条腿"，教师没有急于指出学生的错误，而是让学生在错误中讨论，在探究中明白道理，在分享中掌握知识。

　　正如吴正宪老师所说："错着错着就对了。""聊着聊着就会了。""问着问着就明了了。""学习就是从没词到有词的过程。"

第 二 章

对分享式教学的
理性思考

构建"以思启思·悦享课堂"

当今社会，经济方式、数字技术、人口结构和生存环境的快速转变影响着我们的日常生活，我们将面对更多跨文化交流的机会和挑战。对于年轻人来说，融入相互联系、多元化的社会逐渐成为一种迫切需要，全球素养在我们相互联系和多元化的社会中变得越来越重要。

按照亚洲协会副主席、亚洲协会全球教育中心主任Anthony Jackson的观点，全球素养由审视问题、理解观点、互动交流、行动四个维度构成，每一个维度都需要知识、技能、态度和价值观的结合。

一、什么是"以思启思·悦享课堂"

如何培养我国学生的全球素养，使他们能够适应时代的挑战，担当民族复兴的大任，是中国教育工作者必须思考和解决的重要课题。在我们寻求有效的课堂教学新路径的过程中，"以思启思·悦享课堂"是学生自主学习的课堂。合作学习、分享交流成为学生真正喜欢的学习方式。学生在"思"考中启迪"思"维，在分"享"中获得喜"悦"的课堂就是"以思启思·悦享课堂"。学生以问题为出发点进行探究、思考，把探究、思考的所得、所获与他人分享，在分享的过程中得到他人的欣赏和建议，获得认同的喜悦，同时思维能力得到提升。

二、为什么在教学中要重视"以思启思"

《义务教育数学课程标准（2011年版）》（以下简称《数学课程标准》）

指出，数学作为对于客观现象进行抽象概括而逐渐形成的科学语言与工具，是促进学生全面发展教育的重要组成部分。数学教育不仅要使学生掌握现代生活和学习中所需要的数学知识与技能，还要发挥数学在培养人的思维能力和创新能力方面不可替代的作用。学生在经历"问题—思考—分享"这一思维过程中，自主发现问题、解决问题，在合作分享中不断地总结经验，收获成果。

三、如何使课堂成为"以思启思·悦享课堂"

下文以北师大版小学数学四年级下册《小数乘法》为例，谈一谈我们的做法。

《小数乘法》一课设计了三个教学问题：第一个问题是鼓励学生借助先前的经验尝试解决问题；第二个问题是鼓励学生借助面积模型探索小数乘法的计算方法；第三个问题是结合第一、二个问题的学习，通过多样化的算法，进一步巩固小数乘整数的方法。本节课的重点是，在学习了小数意义和整数乘法的基础上，探索简单的一位小数乘整数的计算方法与算理。学好这部分内容，将为学生学习小数乘法积累丰富的数学活动经验。

常规的教学方法是教师让学生观察情境图中的信息，然后让学生解答买4块橡皮需要多少钱的问题。这种教学方法以问答式为代表，即教师抛出问题，学生思考。学生被动地解答教师提出的问题，没有经历发现问题和提出问题的过程，师生的一问一答也只是教师与部分学生的对话，一些思维反应慢的学生很难有机会表达自己的意见。目前，我们的教学方法大多数处于问答式的阶段，很显然这种教学方法已经不能适应时代发展。为了培养学生的"四能"，我们结合分享式教学理念以及计算教学的特点设计以下教学环节。

（一）自主提问、全班分享

教师出示课件——教材中商店购物的情境图，让学生进行观察。

师："从图中你看到了哪些数学信息？你能提出哪些数学问题？"

学生先小组交流，然后全班分享。

学生板书所提的数学问题。

以往课堂教学中都是教师提问，教师提问可以保障教学有序进行，但是教师提出的问题不一定是学生想知道的问题，学生根据情境图中的信息提出的数学问题不是千篇一律的，提出的问题很多、很散乱。教师要针对学生的提问再进行梳理。教师通过问"观察这些问题你有什么发现？"来引导学生根据问题进行分类，分层梳理。学生发现，有的问题一步计算就能解决，有的问题则需要几步计算才能解决，如具有挑战性的题目。学生把具有挑战性的题目标注出来，教师则把具有挑战性的题目记录下来，作为有兴趣的学生的课后思考题。黑板上只剩下用一步计算解决的问题，再让学生对比分析。这时学生发现，求转笔刀和尺子一共多少元用加法计算，求转笔刀比尺子贵多少元则用减法计算，求1元可以买几块橡皮用除法计算，求买3支铅笔一共需要多少元用乘法计算。教师将黑板上剩下的用一步计算解决的问题再次进行分类，最终引导学生找出本节课重点解决的核心问题：用乘法计算的小数的问题。

课堂是一个开放的课堂，讲究从学生的真问题开始。真问题的来源之一是学生自主深入学习的过程中产生的困惑。学生提出各式各样的问题，教师重在引导学生从无序走向有序，让学生对自己提出的问题进行探索，激发学生学习的兴趣，从而增强数学学习的好奇心和自信，愿意独立思考，并与同伴交流分享。

教学的基本单元是问题—思考—分享。有了问题，学生只有经历充分的思考，才能进行有效的分享。

（二）自主探究、自由分享

（1）学生独立思考，列出算式。

师：我们先解决买3支铅笔需要多少钱的问题，怎样列式？

学生可能会列出：$0.3+0.3+0.3$ 或 0.3×3，教师可借此来引导学生对小数乘整数的意义与整数乘法的意义进行沟通。

（2）讨论计算方法，学生分享不同算法。

教师组织学生以小组为单位讨论计算方法。在小组讨论的基础上，全班进行交流。学生板书自己的算法。

生1：

$0.3+0.3+0.3=0.9$（元）

$0.3 \times 3=0.9$（元）

生2：

0.3元=3角

3×3=9（角）

9角=0.9元

0.3×3=0.9（元）

当学生探究出一种算法时，教师要提问：还有其他算法吗？学生的算法可用他的名字来命名，如张明算法、李芳算法等，以此来激发学生的兴趣。学生板书完后，教师要让学生说说自己是怎么想的。

学生的分享可以分为个别分享和小组分享两部分。这一环节更适合学生个别分享。教师把学习的时间和空间还给学生，无论学生分享的观点是正确还是错误，教师都应给予肯定和表扬，为了体现分享机会的公平可以采取不举手就发言的方式。

学生可能提出两种方法：一是转化成几个相同小数连加；二是通过元、角、分的相互转化，小数乘法转化为整数乘法。教师要及时鼓励学生，引导学生发现：以上两种方法都是把小数乘法的问题转化成学过的知识来解决的，运用旧知识解决新问题，转化思想是我们学习数学必不可少的一种学习方法。

（三）建立模型、合作分享

（1）教师引导学生用小数的面积模型进一步解释0.2×4=0.8的道理，这种方法学生不容易想到。教师呈现笑笑的作品，并提问："笑笑是这样做的，你们能看懂吗？"引导学生4人小组讨论交流，在小组交流后组长梳理大家的成果，并派代表进行全班分享，这部分内容适合团队分享。学生在分享时要把重点讲清楚，如0.2怎么表示？4个0.2怎么表示？涂色的8条线表示8个什么？为什么4个0.2就是0.8？学生也可以用算式来表达算理：

0.2×4

=（2×0.1）×4（0.2表示2个0.1）

=（2×4）×0.1（运用乘法运算定律）

=8×0.1

=0.8

让学生理解这种算法是运用小数的意义和乘法的运算定律。

（2）买3把尺子需要多少钱？学生先独立解决，在小组内讨论，再全班分享，可以按照下面的流程：①说一说自己的方法；②记录别人的方法；③提出自己的困惑；④小组分别展示。

在前面学习的基础上，学生会呈现出更多的算法。教师让学生在充分倾听的基础上再次提问。教师通过问"你们还有哪些不懂的问题？"来引导学生思考。学生可能提出："$0.3 \times 4 = 1.2$在模型中涂出12个条子，表示12个什么？""为什么0.3×4的结果大于1？""为什么0.2×4的结果小于1？"教师让学生在交流的基础上渗透一些规律性知识。

（四）思维提升、拓展应用

借助直观模型探索小数乘法的计算方法。教师先让学生说一说这道题是什么意思，然后让学生动手涂一涂，提问学生根据涂的结果知道了什么。全班进行交流。

（1）"练一练"第二题。鼓励学生用不同的方法解决问题。

（2）"练一练"第三题。学生口算，并在小组内交流自己的想法。

（3）"练一练"第四题。先让学生说一说每个乘法算式及每幅图表示的意思，再让学生涂一涂，得出结果。

（4）"练一练"第五题。解决生活中简单的实际问题，学生独立完成后在全班分享自己的想法。

练习题的设计紧扣教学重点，教师及时了解学生掌握的情况，调控课堂节奏，使学生在分享交流中进一步加强对小数乘法算理的理解。

（五）回顾总结、质疑延伸

（1）回顾一下，本节课你有什么收获，学会了什么？

（2）学了本节课你有什么思考和问题？

在本节课的教学中，教师不仅要总结梳理课堂，还要引发学生由这节课的知识提出自己想研究的问题，变被动学习为主动思考。

本节课学生经历了三次分享：第一次分享是学生根据"情境"发现并提出问题，全班分享。学生提出问题后，教师要梳理有价值的问题，以促进学生的深度思考。第二次分享是把教学的重点放到了学生关心的问题上，学生基于提出问题，自主探究、合作交流，学生不再是被动学习，而是主动思考。这次分享重在让学生领会算理、算法，从而提升学生学习数学的兴趣和应用意识，培养学生的数感。第三次分享是借助面积模型探索算法时，先在小组内进行充分的交流，再进行全班分享，要求人人参与、小组协作分工完成。学生的学习活动都紧紧围绕"问题"进行，学生的每一次分享都要借助于充分的思考，通过思考来分享解决问题的不同思路和策略，使思维得到提升。"问题生成""学生分享"循环往复，在不断解决新的问题的过程中学习数学、发展数学，是实现《数学课程标准》的过程。

《小数乘法》的教学改变了常规的教学模式，不仅有利于教师对学生起点的精准把握，更利于教师针对学生学情进行分层教学。学生在经历发现和提出问题、分析和解决问题的过程中，实现学生学习方式的改变。学生在课堂上表现出的交流、思考、合作等技能逐步得到了提升，这更有助于我们培养学生作为一个完整的"人"所需要的关键能力和必备品质。

四、在"以思启思·悦享课堂"上教师的角色转换

在课堂教学中，教师不仅要注重角色转换，更要关注学生的思维，对学生的生成资源进行分析，以学定教。这更要求教师在课前下功夫，多学习，提高自己，尤其是要提高对教材深度解读的能力，把握教材编排线索。学生问题千奇百怪，教师要"少预设"精细的教学流程，了解教学的重点，考虑哪些是学生已经掌握的，哪些是需要思考才能掌握的，"多预设"应对学生问题、困惑的方案。以学生为中心的课堂教学，有许多的资源生成，学生的表现往往会超乎我们的想象，而留给学生机会就是解放教师。

我们的课堂属于学生。正如中国教育学会学术委员会顾问朱永新所说的："在课堂里，我们不仅要让他们学到知识，还要让他们学会生活，为他们营造必要的交际场，让他们学会交往，甚至学会'理论'，学会争吵。"学生因好奇发现和提出问题，在自主探索、合作交流的过程中真正理解和掌握基本思维——数学知识与技能、数学思想与方法，获得广泛的数学活动经验。教师有

针对性的激励评价，能促进学生乐观、自信、好学、会学。课堂中应体现以学生为中心、生生对话，看得到学生思维的成长。课堂中让学生"想说就说"，无须教师追问，呈现出民主、平等、自由和充满活力的课堂。传统教学模式的课堂中，学生是被动的，而现在的课堂中，学生是主动的。教师要深切体会到学习必须变成学生自己的事，学习必须发生在学生身上，学习必须按照学生的方式进行，教师应尽可能地让学习发生在学生身上，让学生智慧分享，快乐成长！

自主探究·合作分享·转变育人方式

在新一轮的基础教育课程改革中，有效教学、高效教学成为教师关注的焦点，而高效教学是有效教学的最高境界。"有效的数学学习活动不能单纯地依赖模仿与记忆，动手实践、自主探究与合作交流是学生学习数学的重要方式。"自主探究学习是数学高效课堂必不可少的学习模式。它是指学习者在总体教学目标宏观调控的基础上，在教师的指导下，根据自身条件和需要自由地选择学习目标、学习内容、学习方法，并通过自我调控的学习活动完成具体学习目标的一种学习模式。它是学习者知识积累与能力形成的重要途径。在分享式教学中，自主探究学习尤为重要，是学生分享交流的基础。

一、自主探究学习带来的变化

1. 学生的主体意识增强

自主探究学习是把学习建立在人的能动性的基础上，它以尊重、信任、发挥人的能动性为前提。能动性的表现形式主要体现在自觉（自律）与主动（积极）两个方面。自主学习是一种自律、主动的学习，它从根本上改变了那种被动学习的状态，形成了学生无可推诿的主体责任，激发出原来处于压抑状态下不能自己决定、自己判断的智慧。整个学习过程充分体现了学生的主体地位，增强了学生的主体意识。因此，自主探究学习使学生的学习状态发生了根本变化：从他律到自律、从被动到主动、从消极到积极，不仅激发了学生的潜能，而且培养了学生的学习责任心。

2. 学生的意志得到磨炼，情感得到丰富

自主探究学习把学习建立在人的独立性的基础上，自主学习的实质就是独立学习，独立性是自主学习的灵魂，它要求学生能够不依赖教师和别人，自主独立地开展学习活动。这样就会推动学生自主地了解社会、体验人生、完善人格，进而促进学生的全面发展，并在学习的过程中体验挫折与成功，磨炼意志，丰富内心和情感。

3. 自主探究学习充分尊重学生的个别差异

学生在充分了解自身的客观条件并进行综合评估的基础上，根据自身的需要，制定出具体的学习目标，选择相关的学习内容，并对学习结果做出自我评估。学优生的个性能够得到充分的展现并脱颖而出，学习暂时落后的学生也能够在教师的指导和帮助下尽快赶上来。

4. 教师与学生角色互换，相互促进建立起新型的师生关系

自主探究学习是一种学生把自己置于主体地位的学习，学习是学生自己的事、自觉自愿的事。学习积极性的根源在于学生内部的学习动机，而这种积极性一旦被调动起来，学生将主动参与到学习活动中去，学习也将是高效的。教师要放手给学生必要的个人空间，为学生创造、发现、表现提供更多的机会，特别是为不同个性特点的学生提供必要的发展空间。教师在学生学习的过程中不是单一的知识传授者，而是在学生探索获取知识形成能力的过程中，充当领路人、启蒙者；在学生遇到问题时不是单纯地解答，而是引导学生自主分析，给学生充分的思考、想象和创新的机会。在教学活动中，师生平等对话、相互促进，共同参与研究活动，形成"亦师亦友、协作探究"的新型师生关系。

二、自主探究学习中存在的问题

1. 教师对自主探究学习认识不够

当前，有些教师的教育理论和教育实践存在着种种弊端，其中之一是在培养学生的过程中一些教师轻视乃至忽视了教育主体的自主性发展。其表现为实行整齐划一的模式化教育，仍沿袭传统的教学方法去教学新的教材内容，只重视知识的掌握，忽视学生创新精神、创新能力和个性的培养，造成学生被动地学习，学生的动手与实践能力差，参与意识和参与能力不强，等等。自主探究学习教改实验以教育主体自主性发展为教育改革的起点和依据，对现行教育中不合理的观念、思维方式和行为方式进行根本性的改造，力图实现教育理论和教育观念的变革。

2. 学生对自主探究学习不太适应

小学生年龄小、自律性差，自主学习能动性不强。例如，一年级下册教材中《小兔请客》一课，教师让学生根据图意列算式，自己摆小棒想得数。学生摆着摆着，有的就开始玩起小棒，不动脑思考计算方法。

3. 自主探究学习的方式方法研讨不够

教师备课往往重内容、轻方式，这不利于培养学生思维。例如，在计算教学中，有的教师总是手把手地教，教师算一步，学生学一步，教师总担心学生不会，所以讲得多，即使学生会做了，也是被动地接受，缺乏主动创新。学生需要的是方式方法的探究。只有将课堂还给学生，将自主还给学生，让学生把学习当成自己的事，学生的自主探究学习能力才能进一步提高。

三、分享式教学中自主探究学习的几点建议

在分享式教学中如何开展自主探究学习呢？教师要帮助学生做好以下五个方面的工作：一要分析学情，二要明确课题、目标，三要注重引导学生掌握解决问题的方法，四要激励学生大胆创新，五要善于组织"生生""师生"之间的合作。下文以北师大版四年级下册《三角形内角和》一课为例，讲一讲如何做好这几个方面。

教师在进行自主探究学习活动之前，一要研究学生，就是要了解学生已有的知识储备和学习基础。二要分析学生能否理解自主学习的内容。在学习本节课之前，学生已经认识了直角三角形、锐角三角形、钝角三角形、等腰三角形、等边三角形，本节课的重点是通过直观操作，探索并发现三角形内角和等于180度。

分析完学情之后，教师要确定正确的教学目标。教师确定的目标要切合学生实际，是学生经过努力能够达到的。过高的目标可能使学生望而生畏，过低

的目标又会使学生索然无味。本课的教学目标应确定为：通过直观操作探索并发现三角形内角和等于180度，在实验过程中体验探索的过程和方法，并能运用三角形内角和的性质解决简单的问题，培养学生的动手操作能力和探索发现能力。这个目标的确立符合学生实际，能激发学生强烈的求知欲与探索兴趣，使学生能积极主动地参与数学活动。

自主探究学习主要是学生自己学习，并采用科学合理的学习方法，这就要求教师在教学过程中注重引导学生掌握科学、合理、有效的方法。"授之以渔"比"授之以鱼"重要，即会学比学会更重要。在本课的教学中，教师要引导学生逐步掌握"疑问—猜想—验证"的数学思考方法。

自主探究学习要求学生在深入研究课题的基础上，大胆创新，及时调整并使用合理的数学方法解决新问题，在解决问题的过程中，探讨使用有效的新方法。教师在本课的开始用故意设悬激趣的办法引入，先出现一个三角形，知道其中两个角的角度，用一卡通的动物挡住一个角，学生和老师一起猜这个角的度数，看谁最先答出。然后教师最先答出，揭开遮挡，并让学生当场测量验证。这时，肯定有学生认为教师是预先测量好的，不信服，教师可让学生现场出题考自己，引导学生测量自己手上的三角形的度数，告知其中两个角的度数，教师猜第三个角的度数，可连续让四五名学生发问，当场验证，逐渐让学生猜想出教师肯定掌握某些规律才会说对，激发学生探究这个规律的强烈愿望，从而调动学生学习的积极性。教师创设了有助于学生自主探究学习的机会，通过"想办法验证三角形内角和是180度"这一核心问题，引发学生去思考、去探究。

学生带着问题思考并在小组活动中共同探讨方法，交流和分享学习体会。在小组合作时，每组学生可以画出大小、形状不同的若干三角形，通过量一量、折一折、拼一拼、剪一剪等活动对自己的猜测进行验证。同时，教师将学生用三角形的内角来剪、拼成平角的作品展示在黑板上，从而得出本课的结论：三角形内角和是180度；让学生讲述自己的验证方法，虽然有的方法很不成熟，但也可以看出这个验证过程渗透了他们自主探究、合作交流的乐趣。这样，学生在经历"再创造"的过程中，完成了对新知识的构建和创造。自主探究、合作分享学习既是学生在学习活动中自我决定、自我选择、自我调控、自我评价反思和发展自身主体性的过程，也是学生集思广益、群策群力的集体学习活动。

总之，优质高效的课堂教学是一个过程，也是一种理念。在教学中培养学生的自主探究、合作分享的学习能力是一个日积月累的过程。我们必须立足于学生，为学生营造良好的学习氛围，让学生积极参与学习、自主学习，实现有效的、高质量的互动，变"要我学"为"我要学"，让学生自己掌握"钥匙"，去打开知识的宝库。

点燃"分享"火花　培养创新精神

在信息时代，创新是民族进步的灵魂，是国家兴旺发达的不竭动力。培养学生的创新意识已是当前教育教学活动的迫切任务。数学是科学思维的工具，因此创新意识必须反映在创新思维方面。

一、唤起创新意识——使学生想创新

1. 课堂导入要了解学生，找准教学起点

在教学"组合图形面积计算"时，简单的面积计算是组合图形面积计算的基础。在上课伊始，教师可通过具有鲜明时代色彩的话题，利用多媒体出示拍卖公告，再创设现实的问题情境，让学生思考参与竞买土地需要了解哪些相关的情况，从而引出拍卖土地的形状是已学过的平面图形，并复习它们的面积计算公式。最后出现拍卖的土地是一个组合图形，教师要引导学生发现这个土地的形状有什么特点，从而引出课题。这样入情入境的教学，既吸引了学生的注意力，又激发了学生的学习情趣，使学生主动地参与到学习活动中。

实践证明，课堂的导入应选用富有启发的故事、联系紧密的生活事例、动手操作等，为学生创造乐于尝试、乐于探索讨论的学习氛围，充分调动学生自主探究学习的积极性、主动性，对培养学生的创新学习能力具有重要的作用。

2. 新课展开，放手让学生自主探索、分享交流

在学生探索知识的过程中，教师适时地运用观察、操作、小组讨论、合作分享等方式，提高学生的学习兴趣，引发学生的好奇心和求知欲，促进学生在合作分享的过程中激发创新的欲望。只有让学生自主参与学习活动，掌握了知

识，锻炼了技能，培养了自我获取信息的能力，才能为学生的自主发展打下基础。例如，在教学《长方体的表面积计算》一课时，在学生已掌握了长方体的特征及表面积概念的基础上，教师出示一个长为6厘米、宽为4厘米、高为2厘米的长方体，请学生以小组为单位，合作学习，计算出这个长方体的表面积。学生根据各自已有的知识和技能，对如何求出这个长方体的表面积分享交流自己的意见，最后得出以下三种求长方体表面积的方法：

（1）$6 \times 4 + 6 \times 4 + 6 \times 2 + 6 \times 2 + 4 \times 2 + 4 \times 2 = 88$（平方厘米）

长方体的表面积=上面面积+下面面积+前面面积+后面面积+左面面积+右面面积

（2）$6 \times 4 \times 2 + 6 \times 2 \times 2 + 4 \times 2 \times 2 = 88$（平方厘米）

长方体的表面积=上面面积×2+前面面积×2+左面面积×2

（3）$(6 \times 4 + 6 \times 2 + 4 \times 2) \times 2 = 88$（平方厘米）

长方体的表面积=（上面面积+前面面积+左面面积）×2

通过合作学习、分享交流，学生自己找到了长方体表面积的三种计算方法，并且通过比较发现长方体表面积的简便算法。在探求知识的过程中，学生加深了对知识的理解，启发和训练了思维，提高了语言表达能力、自学能力、分析问题与解决问题的能力以及团结协作的能力。

3. 练习设计注重综合性、开放性

在"用乘法解决问题练习课"的结尾，我设计了这样一道题：如果你到花店买花送给妈妈，一共有30元钱，你打算怎样买？

其中，康乃馨每支1元，菊花每支2元，玫瑰每支5元，向日葵每支3元，百合每支6元，天堂鸟每支10元。

这道开放题，使学生可以尽情地拓展思维想象的空间，奋力创新，使整堂课焕发出生命的活力。

在教学的每一个环节中，教师应尽量启发学生多动脑、动手，想方设法地让学生多思维、多创造、多发现，使学生能够独立学习、独立思考、独立解决问题，真正成为学习的主人。

二、培养创新精神——使学生敢创新

小学数学教学过程实际上是情感交流的过程。心理学研究表明：学生只有在宽松、和谐、自主的环境中学习，才能思路开阔，思维敏捷，主动参与学习活动，从而迸发出创新的火花。要让学生在课堂上发现问题和积极探索，就必须给他们营造一种创新的氛围，以民主、宽松、和谐的师生关系为基础，用尊重、平等的情感去感染学生，使课堂充满爱的气氛。这样能够促使学生积极思维，驰骋想象，点燃"分享"火花，敢于标新立异。

对于学生出现的"标新立异"现象，教师要总是满腔热情地评价，用一些简短而有激励性的语言，如"你讲得真好！""你真聪明！""这个见解很独特！""不要紧，慢慢说""你再想一想，老师相信你的能力"等加以激励；对出现简捷的算式写上"优+有创造性"的评语或另外加分；鼓励学生善于思考，勇于质疑问难，敢于争辩，为学生创设成功或失败的情感体验的氛围，培养学生克服困难的勇气和毅力。愉快、轻松的课堂氛围有利于学生对所学的知识产生浓厚的兴趣。教师要让每一个学生积极参与到探究、尝试的过程中来，从而发挥出他们的想象力，挖掘出他们的创新潜能。

总之，一切的教学活动都要以培养学生良好的问题意识为目标，教师要创造性地引导学生探究，鼓励学生质疑，激励学生超越，从而不断激发学生的创新欲望，培养学生的创新精神，促使学生创造性思维的不断发展。

第三章

基于分享式教学的
教师修炼

聚焦分享　成为创新型的教师

　　培养创新人才、实施创新教育是当前教育的主旋律，课堂教学是培养学生创新意识的主渠道。如何真正发挥主渠道的作用，变"接受性学习"为"创新型学习"，关键在于教师。分享式教学对教师的要求更高，只有创新型的教师才能驾驭分享式的课堂。

　　一名创新型的教师要善于吸取教育科学提供的新知识，在教学过程中积极加以运用，并能发现新的教学方法。那么，如何做一名创新型的教师呢？

一、努力建立有助于维护学生自尊心的人际关系

　　要培养学生的创新意识，就必须创设一种教师与学生、优秀学生与其他学生、学习成绩较高学生与学习成绩较低学生、经常大胆发言学生与不敢发言学生之间平等、互助的课堂环境；变"师生关系"为"朋友关系"，把"讲台"搬到学生中间去，把教师放在学生中，变教师"教"为学生"问"。

　　质疑往往是创新的起端，是探求事物发展规律的起点。质疑品质应从小培养。教师要把质疑、释疑作为教学过程中的重要组成部分，引导学生质疑，鼓励学生质疑；对于爱问"为什么"、爱提怪问题的学生，教师不能泼冷水，打击其自尊心，而应善加引导，保护其质疑的热情。同时，教师要讲究释疑的方式，对学生发挥出来的创造力感到由衷的喜悦并热情赞扬，要组织他们积极讨论争辩、翻书阅读、查找资料……想方设法地找到解决问题的途径和方法。教师要善于把学生提出的"为什么"抛回给学生，让学生自己去解决。教师要留给学生充分的时间和空间，培养学生自主自信、乐于表达、善于提问的良好习

惯。教师与学生、学生与学生之间应以平和的态度、温馨而合宜的语气、准确的用词，文明礼貌地相互交流。教师和学生要及时评价课堂活动，教师要促进学生更好地进行总结反思，激发学习热情。

二、给学生创造更多的学习机会

数学源于生活，生活中又充溢着数学。学生的数学知识与才能，不仅来自课堂，还来自现实生活实际。教师要培养学生的创新意识，就必须从小抓起，把数学与学生的生活实际联系起来，为学生创造不计其数的学习机会，让数学贴近生活，使学生感受到生活中处处有数学，学起来自然、亲切，体验到教学的真实，并学会多角度、全方位地分析思考问题。

例如，在教学"一辆汽车3小时行驶120千米，照这样计算，要行驶360千米，需要几小时？"这道题时，教师的一句"看谁的解题方法多"激发学生积极思索，从不同角度思考：$360 \div (120 \div 3)$；$3 \times (360 \div 120)$；$3 \div 120 \times 360$；$120 : 3 = 360 : x$。教师让学生从多角度进行思维发散训练，学生解题的灵活性、敏捷性将会提高，创造思维的能力也会得到加强。

再如，在教学"圆的认识"时，教师先让学生列举出生活中的圆形物体，让学生感知"圆"，再通过多媒体演示"几只猴子骑着三角形、长方形、正方形、梯形、圆形等形状的轮子进行自行车赛跑的情景"。开始前，教师先让学生猜测谁跑得最快，然后用多媒体演示赛跑过程。结束时，教师向学生提问为何骑圆形轮子的猴子跑第一，让学生弄清"自行车的轮子为什么做成圆形"的道理，感受到学习数学很有用，自发地产生一种探索乐趣，生发出一种"自我需要"的强烈求知欲，激发学生创新的动力。

又如，学习了"单价、数量与总价的数量关系"后，教师可以让学生到菜市场做一次调查——用10元钱可以买多少千克西红柿，可以买多少千克茄子，让学生运用所学的知识解决生活中的实际问题，体会到数学巨大的应用价值，提高学生的创新素质。

三、创造性地对待学生，使评价与前因后果联系起来

创新是人的本质特征，是自我发展、自我实现的需要。对学生进行创新评价时，教师应重视评价与学生发展同步，注重评价的导向、改进、形成、激励等功能作用，这样才有利于学生及时明确努力方向，有利于学生体验成功、建立自信、促进发展并进行完整的学习。教师在教学时应针对学生个体差异，分层教学、分类指导，精心设计问题情境，使每个学生都能获得成功。

教师对学生尝试创新活动的成败要正确对待。当学生尝试创新活动成功时，教师要让学生品尝创新成果的甘甜，获得成功的体验，树立"我能行"的自信心，使学生乐于创新、爱创新；当学生尝试创新活动遇挫时，教师要使学生体验到创新活动是艰巨的，会经历无数次的失败，需要长期的实践和积累，应以良好的心态投入新的创造活动中，培养学生坚韧不拔的毅力和坚强的创造品质。

四、注重学法指导，培养创新能力

在教学过程中，教师不仅要研究如何改进教学方法，更要研究如何指导学生学会学习。例如，在教学"梯形面积计算公式"时，教材仅举例用"旋转平移法"推导梯形面积公式。实际教学时，教师要变先讲后练为先实验后点拨，变单一的方法为多法并用；课前布置学生准备两个任意直角梯形、等腰梯形或非特殊梯形；课内鼓励学生"请大家大胆思考，用什么方法可以推导出梯形面积计算公式？看谁想的方法多、实现得好。"学生大胆分享多种方法，如平移合拼法、分割法、中线割补法、添减法等不同的方法，教师要及时给予学生充分肯定和表扬。

再如，在教学"两位数加减笔算"一节课时，教学重点是使学生理解算理，掌握算法，教师出示例题25+39后，不仅要围绕教学重点指导学生动手操作、摆放学具，使学生明白个位相加、满十进一的算理，还要指导学生操作过程，明确程序，不能把操作活动看成一般的随意活动，要有目标、有计划地指导。只有真正让学生学会学习、学会思考，做学习的主人，才能使学生获得可

持续发展。

　　总之，创新型教师要有创新意识和创新能力，要不断地更新教育观念，把学生真正放到学习的主体地位上，勇于实践，实现教育的创新，培养出一代又一代的创新人才。

在分享式教学中教师的角色转变

《数学课程标准》指出，学生学习应当是一个生动活泼的、主动的和富有个性的过程。认真听讲、积极思考、动手实践、自主探索、合作交流等都是学习数学的重要方式。学生在情境中提出问题，自己去思考，然后交流分享，由分享得到成功的喜悦也会成为进行新的探索的动力。课堂改革倡导"以生为本"的理念，教师要把学习的主动权还给学生，让学生成为学习的主体，教师做好"组织者""引导者""参与者"。

在分享式教学中，教师有效的引导能起到很大的作用。下文以北师大版小学数学四年级下册《买文具》一课为例来说一说具体的做法。

一、教师要做好"组织者"

当学生在分享时，教师要注意倾听学生分享中存在的问题。

教师出示《买文具》一课的情景图，让学生根据图中的信息，提出不同的数学问题。学生争着抢着回答问题，教师发现学生这时只顾着自己提问题了，不听别人回答问题。因此教师及时介入："别人在回答问题时我们要学会倾听，如果你与这个同学提的问题一样，你就再思考提出另外的问题。"

学生根据信息可以提很多问题，教师要及时掌控课堂节奏，不能让学生无休止地提问。根据学生已经提出的问题，教师发现已经包含了不同类型的问题，就引导学生进入梳理问题这一环节。

教师说："同学们能根据图上的信息提出很多的问题，如果老师让大家都上黑板去写能写完吗？"（生答：不能。）"看来大家都是善于发现问题、提出问题的爱思考的学生，如果还有问题，下课后你也可以解决自己提出的问题。下面我们先来观察黑板上这些问题有什么特点，你发现了什么？"

教师引导学生发现黑板上这些问题的特点，有一学生回答说："老师我要回答第五个问题。"显然这个学生没有听清楚教师的要求。教师再次介入："刚才老师提的什么问题，谁能给大家复述一遍？"学生复述完后，教师再次强调："同学们回答问题时一定要听清楚老师的问题。"

二、教师要做好"引导者"

当学生在分享时，教师要及时评价学生分享的精彩地方。

教师让学生归纳所提问题的特点，一学生说："这些问题都是关于小数加法、减法、乘法的问题。"

教师说："谁来评价一下这个同学说得怎么样？"

另一学生迫不及待地说："我觉得他说得有些不清楚。我们可以做一个分类。首先第一个问题，一支铅笔、一块橡皮、一个削笔刀一共多少元？这个问题属于连加的问题，每一个都是单价加单价，所以说这属于一个连加的问题。"此时学生自顾自地在讲，教师引导说："你在叙述的时候要向老师一样面向同学们说。"

生接着说："第二个问题是一支铅笔和一块橡皮多少元？这也是一个加法问题。我们知道一支铅笔是0.3元，一块橡皮是0.2元，把它们加在一起，这个问题和第一个问题是一类的。"

"第三个问题是买5支铅笔需要多少元？5支铅笔的价钱是相同的，每一支铅笔都是0.3元，所以5支铅笔是0.3元×5=1.5（元）。这是个乘法问题。"

"第四个问题是转笔刀比橡皮贵多少元？转笔刀是0.7元，橡皮是0.2元，这个时候我们要算差价就是0.7元–0.2元=0.5（元）。这是个减法问题。"

"第五个问题是小明带了0.9元，他买了3个文具，分别是哪3个文具？我们要对数感有要求，所以我们可以进行凑数，看一看哪3个加起来是0.9元。这和第一、二题是一类。"

"第六个问题买5支铅笔和3个转笔刀一共多少钱？这是乘加混合问题。

每支铅笔0.3元，5支铅笔一共就是0.3×5=1.5（元），每个转笔刀0.7元，3个转笔刀一共就是0.7×3=2.1（元），最后把它们加在一起。所以这是乘加混合问题。"

多么精彩的发言呀，同学们不由地为他鼓起掌来。教师也为他鼓掌，并表扬他："这个同学的思路很清晰，表达也很准确。"

教师引导学生再次讨论：第二个同学的回答是对第一个同学的补充，第一个同学的回答实际上概括了这些问题的特点，这些问题是小数加法、减法、乘法计算的问题。请大家仔细观察，这些问题中哪些问题复杂一些，哪些问题简单一些？

一名学生上台分享："第五个问题和第六个问题是比较复杂的一类。第一个问题和第二个问题是小数加法的问题，第四个问题是小数减法的问题，加减法属于我们学过的知识。"教师在学生的叙述中把板书复杂的问题和已经学过的问题擦掉，这时黑板上只剩下一个问题：买5支铅笔需要多少元？在学生的交流中找出了本节课要解决的核心问题。

三、教师要做好"参与者"

当学生分享时，教师要关注每个学生的学习状态。

当台上学生分享时，台下学生要认真听，分享的学生要说得清楚，台下的学生要听得明白，这时的分享方为有效。因此，教师不仅要面向全体学生，关注全体学生的听讲状态及时跟进，还要更多关注上台分享的学生，及时参与到他的问题中去。当一学生的回答有近3分钟的时间，其他同学都在认真倾听时，教师要及时评价："老师要为全班同学鼓掌，因为别人在分享时大家听得特别认真。"

一学生回答如何计算5支铅笔多少钱的算法时，一边说一边笑：0.3+0.3+0.3+0.3+0.3，教师抓住这个时机。

师：你为什么笑呀？

生：这样做太麻烦了！

师：老师如果让你计算10支铅笔多少元钱，你要连续加几回呢？

生：0.3要加10次。

师：你也觉得这样麻烦，你觉得怎样做就简便了？

生：用乘法计算，即0.3×5=1.5（元）。

师：5支铅笔多少元钱？也就是求几个0.3相加（5个），求几个相同加数的和的简便运算用乘法计算。

教师结合学生的回答，进一步让学生理解了小数乘法的意义。教师抓住契机介入，有效促进了教学重点的突破。

课堂上，教师让出了学习的舞台，让学生成为学习的主角，教师虽退位但不能缺位，要营造宽松的学习氛围，尊重每一个学生，站在服务学生"学习"的角度思考"教学"的一切，努力做好课堂教学的组织者、引导者、参与者，让学生在相互学习、分享交流中快乐成长。

分享多样算法的思考

近日，笔者听了两节北师大版小学数学四年级下册《小数加减法》的课程，两节课同样都是小数加减法，第一节是《买菜》，第二节是《比身高》，第二节课是在第一节课的基础上进行的教学。两位教师运用分享式教学理念进行教学，课堂上学生提出问题，在小组内交流算法后再在全班分享。学生的算法很多，一节课花了大量时间在分享不同的算法，以至于一节课只解决了一个例题，学生对于小数加减法的计算方法还掌握得不牢固。如何让学生能运用已学的知识并采用多种方法计算，牢固地掌握计算方法？笔者建议从以下几方面入手。

一、教师要深入研究教材，把握教学的重难点

本单元的小数加减法安排了三节课：《买菜》即不进、退位的小数加减法，《比身高》即进、退位的小数加减法，《歌手大赛》即小数的加减混合运算。教材编排上是由易到难的，如《买菜》这节课的教学重点是能正确进行小数的加减法（不进、退位）计算，并能选择简便的方法进行计算；《比身高》这节课的教学重点是能正确进行小数的加减法（进、退位）计算，并能选择简便的方法进行计算。教师只有把握了教材的重点才能在教学中及时调控教学进程。《买菜》这节课是学生学习小数加减法的初始课，学生的算法有很多。而在学习《比身高》这一节课时，学生已经有了不进、退位方法的学习经验，当学生还停留在用第一节的画图方法上时，教师要及时介入，引导学生选择简便的方法进行计算。

二、教学中既要强调学生的算法多样化，还要重视对不同算法的归纳整理

课堂上教师提问：这道题你能想出哪些不同的算法？学生可谓是想尽一切办法，如有列竖式的、有画图的、有用计数器的、有化成整数计算的等。一节课的多半时间学生都在分享不同的算法，没有抓住小数加减法的实际问题。对这么多不同的算法，教师不仅要鼓励学生算法多样化，还要引导学生思考，找出不同算法的共性，即相同数位上的数才能相加减，让学生学会优化，以节省时间。

三、讨论要建立在思考的基础之上

在讨论前，教师一定要让学生先独立思考。有效的合作学习必须建立在独立思考的基础之上，学生经过深思熟虑才会产生交流、表达的欲望。学生提出了不同的算法，是经过了思考的过程。因此，教师出示问题之后让学生讨论时要留给学生独立思考的时间与空间。

四、发现学生的闪光点及时评价

一个学生在犹豫是否上台展示，教师就鼓励他说："你的方法跟别人不一样，你上去写呀！你的方法有可能不对，你敢上去吗？"他说："那我试试吧。"这个学生给大家分享的算法是把小数转化成整数的方法，在黑板上板书的步骤很烦琐但思路很清楚。后来我问这个学生，你是怎么想的？他说："老师要求用不同的算法，我想跟其他同学的不一样，就想到了这种算法。"我想这个学生为了寻找不同的算法，想到把小数变成整数相加，他运用了转化的知识，小数他不知道怎么加就把它转换成整数。多好的一种方法呀！教师可以利用这种解法加强学生对小数加减法和整数加减法的对比，让学生进一步掌握小数加减法的计算方法。

教师要让学生展示算法的多样化，引导学生在展示交流中不断地思考。教师要找到学生学习的起点，在此基础上展开教学，真正实现学生的多样化发展。

巧用多媒体资源　让分享式课堂教学绽放光彩

《数学课程标准》指出，学生除接受学习外，动手实践、自主探索与合作交流同样是学习数学的重要方式。目前的课堂教学还存在学生主动参与程度不够、教学方式不太丰富、现代技术与学科缺乏整合、学科知识目标被拔高、课堂活动被异化、评价方式单一等问题。这些都说明目前的课堂教学与课程改革的目标还有一定差距。作为互联网时代的教师，我们必须紧跟时代的步伐，把多媒体资源巧妙地运用到教学中去，提高学生的学习兴趣，坚持以学生为主体、以教师为主导，构建平等、互动、和谐、高效的新型课堂教学模式。

多媒体资源在分享式课堂中的使用体现在以下五个方面。

一、利用多媒体资源，利于促进学生自主学习

多媒体资源形象、生动、快捷、数量庞大，但教师片面地认为网络环境就是让学生自己上网搜集资料，导致课堂教学费时费力。在课堂教学中，教师成为多媒体资源的点击者。

面对教学中层出不穷的现成多媒体资源，教师不根据自己学生的实际情况，拿来就用。学生成了多媒体资源的观看者，教师一屏一屏地展示，学生一屏一屏地看，课堂上没有学生独立思考的时间，也没有充分发挥多媒体资源的作用。

学生学习的积极性、主动性还要依靠教师通过启发、引导等手段来激发。多媒体资源的运用，是实现这些手段的重要途径。教师把直观形象的教学媒体融入课堂教学，能有效地促进学生自主学习，为学生合作学习提供资源，思维

发展提供方向。

二、利用多媒体资源，利于创设情境，激发兴趣

兴趣是学生学习动力和学习效率的根本。如何激发学生的学习欲望和兴趣十分重要。在上课伊始，教师通过多媒体课件展示教学情境图，设疑激趣，激发学生的兴趣，使学生爱上学习、乐于学习，使无意注意转向有意注意，使枯燥的教学富有乐趣。例如，在教学《认识周长》一课时，教师通过多媒体展示小蚂蚁沿着树叶的一圈爬行一周的动画，激发了学生的学习兴趣，既帮助学生获得了鲜明、生动、形象的认识，又让学生初步感知了周长的含义。

三、利用多媒体资源，利于突出教学重点，突破难点

数学不同于其他的科目，数学教材中有很多规律需要学生通过操作才能发现其奥妙，如长方形、正方形、三角形的面积计算公式的探讨以及某些法则的归纳。传统的课堂教学不能让学生的主体作用得到充分的发挥，这节课学生需要掌握哪些公式，教师就直接告诉学生，然后就是满堂的练习，没有给学生留下自主探索的空间。当学生独立学习时，往往会碰到既相似又模糊的问题，自己又决定不下来，希望从他人的交流中得到启发，得到验证，此时教师充分利用声音、动画、视频等多媒体手段，可以将知识从静态变为动态，化抽象为形象，使学生对规律实现真正的把握和理解。

例如，在教学"圆柱体体积"时，教师结合多媒体演示让学生感受"把圆柱的底面分的份数越多，切开后，拼起来的图形就越接近长方体"；接着教师指导学生悟出这个长方体的长相当于圆柱的哪一部分长度，宽相当于圆柱的哪一部分长度，高相当于圆柱的哪一部分长度，圆柱的体积怎样计算，从而进一步推导出圆柱体积的计算公式。这时多媒体课件将立体、抽象的三维空间变得形象直观，显示了对复杂过程进行简化和再现的功能。

四、利用多媒体资源，有利于学生体会抽象的数学知识的本质

概念是学生学习数学的基础，是数学基础知识的重要组成部分，更是学生

认识、判断、理解、解决数学问题的关键。数学概念具有很强的抽象性、概括性，因此在概念教学时，教师应从学生的生活实际出发，利用多媒体资源在教学中开展各种让学生感兴趣的活动，让学生在理解的基础上实现对重要概念的掌握。

五、利用多媒体资源，利于学生归纳整理

在教学时，教师要注重让学生真正经历整理的过程，鼓励学生自己尝试整理知识，然后收集学生的成果，并及时将学生整理的成果在多媒体上进行展示，组织学生分享交流。此外，教师还可利用线段图、表格等直观的课件，或采用微课的形式，总结本课的主要内容，完善学生认知结构，这样能起到承上启下、画龙点睛的作用，有利于学生数学思维的自主发展。

总之，多媒体资源的巧妙运用，直接影响着学生学习的效果，设计精巧、形象、生动的多媒体资源，能为课堂教学注入活力，为学生的思维发展助力，使我们的课堂教学精彩纷呈。通过利用多媒体资源，每一个学生或教师都能够同时拥有无限的信息来源，实现了教学资源的高度共享，更好地促进了数学核心素养的落实。

网络环境下"分享式小组合作学习策略"
促进课堂更加高效

《中国教育现代化2035》国家中长期规划提出，中国教育现代化八大基本理念是小学数学教改的方向和根本任务。在互联网+创新教育时代，信息技术的发展促使学习过程由教师的"教"向学生的"学"的转变，促进了学习策略的根本变革。网络环境下的课堂学习的诸因素由传统教育环境的"三因素"（教师、学生、教学目标）转变为现代化教育环境的五因素（学生、教师、学习目标、网络资源、网络互动平台），采用互动学习策略，促进高效课堂的形成与发展。

网络环境下"分享式小组合作学习策略"是指在实施网络环境的数学教学活动过程中，教师有效利用网络资源，让学生在多样化、数字化的学习环境中，进行个性化、主动化的学习，培养学生自主学习能力、探究能力、合作交流能力、问题解决能力等，促进学生的全面发展而采用的一系列具体问题解决的行为方式，改变了传统的教学结构与教育本质，最终实现了教学目标的达成。其具体体现为以下四个方面。

一、促进高效课堂的形成

我国著名的信息技术专家南国农教授关于"传统教育、现代教育、现代化教育"的论述中明确提出：教育诸因素的发展变化，是随着社会的发展而发展变化的，由此引起课堂教学、学生学习诸因素的发展变化。南国农教授关于

"传统教育、现代教育、现代化教育"不同时期教学因素的变化见表3-1。

表3-1　南国农教授关于"传统教育、现代教育、现代化教育"不同时期教学因素的变化

分类	培养目标	教学诸因素	教育指导思想	代表人、论著
传统教育	培养知识型的人	1.书本； 2.课堂； 3.学生	三中心： 1.书本； 2.课堂； 3.学生	赫尔巴特（法国） 凯洛夫（苏联）
现代教育	培养经验型的人	1.经验（教师）； 2.活动（劳动）； 3.学生	三中心： 1.经验； 2.活动； 3.学生	杜威（美国）
现代化教育	培养创造型的人	1.学生； 2.教师； 3.教材； 4.媒体（资源）	三结合： 1.书本与直接经验相结合； 2.课堂教学与实际活动相结合； 3.教师主导与学生主体相结合	皮亚杰（瑞士） 建构主义学习理论
		1.学生； 2.教师； 3.教材； 4.媒体（资源）； 5.环境（网络）	三结合： 1.书本与直接经验相结合； 2.课堂教学与实际活动相结合； 3.教师主导与学生主体相结合	2010年教师资格考试教本 最新版的教育心理学著作《教育心理学概论》

在当前现代化教育环境下，课堂学习的"诸因素"的内在及其互动关系均发生了重大变化。课堂学习形成了以学生为中心的"合作学习、小组探究、分享过程、共享成果"的主动学习过程，实现了现代化教育环境的五因素互动，均以学生的"学法"为中心的高效学习策略为目标。

网络环境下"分享式小组合作学习策略"是让学生在情境中发现问题和提出问题，再让学生自主思考和探究，并在小组内分享过程，最后把探究的所得所惑在全班各小组之间展开分享，在分享中得到各小组的欣赏和建议，形成共享成果，获得成功的体验。

网络环境下"分享式小组合作学习策略"高效课堂的突出特点如下：

（1）局域网学习"一人一机"。小组合作学习成员分工明确。

（2）任务驱动学习。学生发现问题并提出问题，在问题任务的驱动下，自主思考探索，小组交流分享过程。

（3）全班展示分享。学生展示交流有理、有节、有竞争，共享成果，拓展创新。

（4）评价有始终。教学环环评价、激励创新、意义建构显高效。

例如，在教学《比例尺》一课时，学生在微机室一人一机，便于自主探究。教师在主机上首先呈现"淘气和笑笑画的平面图"，让学生讨论哪一幅图画得更合理，使学生初步体会"只有图上距离和实际距离的比都相等，画的图才比较合理"，为理解"比例尺的意义"提供支撑。

教学中利用4次网络搜索帮助学生理解概念：一是在讨论的基础上，学生直接上网搜索，如比例尺的意义、用公式如何表示、比例尺的分类形式等。学生自己搜索出的"概念"比教师直接呈现"概念"的形式，让学生觉得更有意义。二是在教学"线段比例尺"时，教师采用网络搜索的方法，让学生谁先搜索好就直接切换到教师主机上，充分发挥网络对教学的作用，引导学生了解"线段比例尺"表示的实际意义，体会"线段比例尺"直观的特点。三是学生完成练习第一题"学校一幢教学楼的底面长40米、宽9米，在纸上画出教学楼底面的示意图，并和同伴交流，你是如何画的？"后，教师及时将学生画的图直接上传，在全体学生电脑上显示，便于学生观察，通过比较引导学生再次掌握"比例尺的意义"。四是在课堂教学的结尾，教师再次利用网络进行教学，请学生打开百度地图，问学生："你能看懂地图上的比例尺吗？请你用百度地图查一查我们学校离钟楼的实际距离。你能查出西安南门到北门、东门到西门的实际距离吗？"这样的教学既丰富了学生的认识，又进一步促使学生利用比例尺掌握有关知识，学会解决生活中的一些实际问题，体会到了数学与日常生活的密切联系。

二、培养学生"分享过程、共享成果"的高效学习能力

为进一步揭示网络环境下"分享式小组合作学习策略"高效课堂学习诸因素之间的互动规律，突出"多边形高效课堂学习策略"诸因素较为"平和、稳

定、易于引导与掌控"的高效学习模式特点，形成了"校园网多边形分享式学习高效课堂"学习策略及策略图（图3-1）。

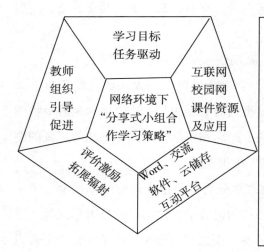

网络环境下"分享式小组合作学习策略"说明

（1）学习的核心：以学生小组"分享过程、共享成果"学习策略为中心。
（2）教材：以"三维"学习目标为依据。
（3）教师：组织、引导、促进。
（4）学习环境：一人一机、局域网。
（5）资源网络：百度搜索、以教学课件为辅助的学习成果展示交流、共享成果。
（6）突出：在重、难点学习中，培养小组合作攻关精神。

图3-1　网络环境下"分享式小组合作学习策略"及说明

三、让学习有的放矢，提高学习效率

（1）实施课前网络环境下"分享式小组合作学习策略"，让学生的学习更加有的放矢，更加高效。

学生在课前通过网络对学习内容进行有深度的思考，那么，在课堂上分享的信息就比一般课堂的量更大。教师教学决策的依据是对学生的问题与收获进行精准分析，真正做到因材施教。网络环境下教师可以对学生的分享进行数据分析，以提高教学效率。

在"互联网+"理念的推动下，基于云端的教育服务，云端一体的技术设施为创新教学提供了各种可能。学生在学习中，可以利用"云端"做认知工具，也可以用"云端"来共享教育资源，还可以利用"云端"支持探究性学习，利用这些学习方式创造个性化的学习环境。教师通过网络环境下学生学习方法的转换，运用分享式教学理念来满足学生个性化的学习需求。

例如，在教学北师大版小学数学五年级上册《组合图形的面积》一课时，学生根据课题提出不同的问题：

①这个组合图形是由几个图形组合成的？

②这个组合图形的面积怎样估算？

③这个组合图形的面积怎样计算？

④这个组合图形的面积有几种算法？

学生带着问题去观察、操作并有序分享。在学生学习过程中，教师充分发挥信息技术的优势，让学生在计算机上操作割补、添补的过程，从而理解组合图形面积计算的方法。学生通过自主探究、合作交流，达到方法的多样化，发展了空间观念和思维能力（表3-2）。

表3-2 网络环境下"分享式小组合作学习策略"应用实践效果分析

序号	项目	校园局域网环境下高效学习策略	校园网多媒体辅助环境下的学习策略
1	学习地点	学校联网的局域网微机室	教室计算机、大屏幕
2	学生学习条件	局域网教室：一人一机	一组学生上机，全班分享
3	教师帮扶	局域网主机掌控、屏幕分享	大屏幕师生分享，动静结合
4	学习资源	一人一机，个性化搜索	利用网络资源一人或一组网搜、展示，全班分享
5	交流展示	分散一人一机，聚合分批分次大屏展示，已看、互学	小组交流分享
6	观察分析	多层阅读、多元分析观察点多	小组内、全班观察点少
7	结论交流	小组内分享，异组交流展示	分组，组内同步
8	评价	师生互评、全班互评	师生互评、组内生生互评
9	容量	容量大、流量大、灵活	容量、流量均少，纸上练习
10	掌控	个性化强、灵活、不易掌控	资源应用、互动交流不方便、不易掌控
11	创新思维	利于学生创新、个性化发展	现代化个性发展受限，保持传统交流、互动创新
12	远程	易于远程交流、教学	一机交流有限，不易远程
13	大面积实验	一校1~2室，不易推广	各校均班班通网，易于推广
14	当前发展	设立实验班、实验课程	利用网络资源可广泛推广
15	未来发展预测	一校2~3个微机室，智能局部班课程实现	小班：电子书包教材；纸质教材转换为电子教材，方可有效

四、促进"合作学习、小组分享过程、共享成果"的学习更加高效

面对当今信息爆炸的时代，学生的信息来源渠道多元化，如家长、各种课外书、兴趣班、各种媒体（报纸、电视、电影或网络等），学生进入课堂不再是一张白纸，而是带着很多信息而来的。教育不仅是知识的传承，更是欣赏、创造，是人之为人的高级智慧的分享。过去的课堂教学较少关注知识的终端处理，分享式教学是一个动态开放的过程，它关注"学生学习"的终端处理，让学生把从各种渠道获得的信息与他人分享，在分享中得到他人的点拨，达到共同发展的目标。

在当今社会，现代化教育发展迅猛，在网络环境下"分享式小组合作学习策略"实践中，有效促进了学生在应用信息技术于学习之中，突出"小组合作探究—分享过程—共享成果"学习过程，激发了学生的自主探究、攻关争优、共享成果的学习态度，培养了学生积极进取的价值观。

4

基于分享式教学的
学生成长

在分享中启发思维多角度解决问题

——新课程中"解决问题"教学之探究

　　随着课程改革的不断深入，"解决问题"教学成为所有教师关注的课题之一。课程改革为应用题教学改革带来了新的生机和活力，无论是题目素材、呈现方式，还是教学的着眼点，都发生了显著的变化。然而，在现实教学过程中，不少教师费力，但感觉学生年级越高效果越差，原因是教师仍然沿袭传统的教学方法教授新教材的内容。比如，在教学《用百分数解决问题》一课时，教师往往要让学生先找单位"1"，然后教给学生固定的方法：单位"1"已知用乘法，单位"1"未知用除法或乘法方程等，让学生依靠记忆类型套用方法来解题。诚然，一些学生死记硬背也能解决一些问题，但学生往往在遇到稍微变化的题目时往往不得其解，无从下手。而有的学生则不采取套用的方法解题。六年级《练习册》中有一道题：一桶油用去20%，还剩20千克，这桶油一共多少千克？用百分数解决问题的解法是：$20 \div (1-20\%)$，可有一学生这样解答：$20 \div 4 \times 5$。由此可见，学生在解决实际问题时并不注重问题的类型，而是凭借自己对题目的理解去解决问题。教学实际显现出不少教师的教学思想和行为徘徊于新思想、新教法与传统教学、训练方式取舍之间的矛盾中。为什么会出现这样的一种状况呢？根源在哪里？不得不令人反思。

　　在新课程的"解决问题"的教学中出现的这样一些状况，归根到底是观念转化过于主观、步子迈得过大、处理方式过于简单造成的。北京师范大学周玉仁教授在《小学数学教育》（2009.3）中刊文指出，小学生在解决问题的过程中，实质上是完成了两个认识上的转化：第一个转化是指从纷乱的实际问题中收集、观察、比较、筛选出有用的信息，从而抽象出数学问题；第二个转化是根据已经抽象出的数学问题，全面分析其中的数量关系，从而探索出解决问题的方法，进而在实践中进行检验和运用。这两个转化是相辅相成、缺一不可的。传统模式中应用题教学的一大弊端就是过于重视第二个转化而忽视学生发现问题、提出问题的过程，而课程改革后的教学又与新课程要求的"解决问题"教学所要达到的目标相去甚远。下面谈谈我的一些观点和感受。

一、重新认识"解决问题"教学的重要意义

随着新教材内容的变化，许多教师面对教学目标、内容体系、编排呈现方式的巨大变化感到无所适从。每一位教师都需要对学生、《数学课程标准》、教材内容与要求有一个重新认识的过程。

《数学课程标准》提出了有关"解决问题"教学的详细目标："初步学会从数学的角度发现问题和提出问题，综合运用数学知识解决简单的数学问题，增强应用意识，提高实践能力。获得分析问题和解决问题的一些基本方法，体验解决问题方法的多样性，发展创新意识。"新课程标准对每一学段都有具体的要求。

新的课程标准实验教材在解决问题的编排上，没有设置专门的单元进行教学，教材增加了富有现实意义的、与学生经验相符合的、具有一定数学价值的、具备一定探索性的数学问题，把解决问题作为数与运算学习的自然组成部分，把问题的解决过程作为学生理解计算的"桥梁"，然后从计算回到解决问题上来，通过丰富多彩的问题来体现数学的应用价值，既能激发学生解决问题的兴趣，又能将解决问题与运算学习自然地融合在一起。新实验教材淡化人为编制的应用题类型及其解题分析，强调对问题实际意义和数学意义的真正理解，鼓励学生通过实际操作、思考讨论来寻找问题中隐含的数量关系，探索解决问题的策略，并根据所学数学知识的意义加以解决；强调从运算的意义和数学思想方法出发进行解决问题的教学。因此，教师要认真学习《数学课程标准》，熟读教材，领会课标精神，把握实质，尤其在"解决问题"教学上，教

师要在把握教学目标、理解教材内容与要求的基础上采取多种形式启发学生思维，多途径地提出问题、理解问题、解决问题。

二、培养学生认真审题是"解决问题"教学的关键

教师通过明确的学习目标、具体细致的训练方法、持之以恒的教育，使学生逐步养成受益终身的良好习惯。在小学阶段注重培养学生良好的数学学习习惯是每一位数学教师的重要职责。

数学是一门严谨的学科。在教学中，教师要培养学生认真读题、审题的习惯。常言道："差之毫厘，谬以千里。"题目中只字之差却表达完全不同的意思，甚至一个不同单位符号就表示完全不同的概念。因此，培养学生良好的解决问题的习惯，最重要的是先培养学生认真读题、审题的习惯。学生在读题的过程中要读懂题，为此学生首先要将题目中的故事情节内化成自己的认识，形成清晰的映像，从而能区分题目中已知条件是什么，要求的问题是什么。教师要培养学生收集有用的数学信息的习惯，并能够有条理地表述。例如，二年级上册第49页第一小题，题中画了两根铅笔，第一根长8厘米，第二根的长度是第一根的2倍。这道题要求学生列式求第二根铅笔的长度。题目中条件没有直接给出，教师要引导学生弄清楚已知什么、求什么，并训练学生完整地叙述题意。在此基础上，教师再引导学生分析求第二根铅笔的长度，也就是求第一根铅笔长度的2倍是多少。通过分析情境、整理信息，学生明确组成数学问题的要素与结构的过程，准确找出题目中的条件及问题，然后正确地解题。

"问题意识"的培养是一个漫长的过程，这就要求教师在教学中不断地加强对学生的训练。教师可以给出条件让学生提出问题，也可以给出问题让学生找需要的条件。教师要引导学生用数学的眼光看待日常生活中的现象与问题，进而引导学生有条理地思考问题，并能提出合理性问题。在提出问题的过程中，学生有可能多角度地提出很多问题，只要合理，教师都应当给予肯定。教师要敢于放手，为学生创设充分思考和大胆提出问题的氛围，鼓励学生敢想、敢于用自己的语言表达，教师要避免包办代替或者挫伤学生提出问题的积极性，这样学生的问题意识就会得到加强，合理提出问题的能力才能得到提高。

当学生具备较强的问题意识和提出问题的能力时，教师再适时鼓励学生根据实际问题中的数量关系进行思考，从而解决问题，而不是依靠记忆类型和套用公式来解题。

三、重视数量关系是"解决问题"教学的灵魂

在日常"解决问题"教学中，不少教师只让学生把图中的信息说一说，把解决的问题读一读，就让学生列式计算来解答。教师没有对学生进行数量关系的训练，更听不到学生运用数量关系进行逻辑推理的叙述，导致了很多学生对数量关系感悟不到位、理解不深刻、掌握不牢固。学生对于解决简单的问题还能应付，但对于复杂的问题就无从下手了，严重影响了学生解决实际问题能力的提高。

在"解决问题"的教学中，教师不能放松对学生进行数量关系的训练，要重视"分析"与"综合"两大思路的训练。学生只有熟悉常见的数量关系，掌握对此类问题分析、思考的方法，才能正确学会解决简单的实际问题，提高分析数量关系的能力。

在解决实际问题时，数量关系起到两个作用：一是根据数量关系推断出先算什么、后算什么，二是根据数量关系确定每一步用什么方法算、怎么列式。学生在解决实际问题时都有意或无意地使用数量关系进行分析和推理，得到先算什么、后算什么，并进行列式计算。数量关系为解决问题提供了思维方法，为列式提供了理论依据，所以分析数量关系是解决实际问题的核心。

在"解决问题"的教学中，教师应怎样进行数量关系的分析呢？数量关系有加、减、乘、除意义的基本数量关系，也有结合实际素材的常见数量关系。第一学段"解决问题"的教学主要运用四则运算的意义建立"解决问题"的模型，从而使问题得到解决。教师在教学中要引导学生用数学的眼光去发现问题、解决问题，积累运用运算意义解决实际问题的经验。因此，低年级学生对加、减、乘、除的四则运算的数量关系一定要清晰，它是解决问题的基础。

《数学课程标准》提出，"要结合具体情境，体会整数四则运算的意义""能运用数与数的运算解决生活中的简单问题"。例如，一年级上册教材

第24页《一共有多少》，笑笑左手拿着3支铅笔，右手拿着2支铅笔，一共有多少支铅笔？求一共有多少支铅笔，就是把左边的3支铅笔和右边的2支铅笔合并在一起，用加法计算，列式是：2+3=5（只）。一年级上册教材第27页《还剩下多少》，树上有5个苹果，掉了2个，还剩多少个苹果？求还剩多少个苹果，就是从总数5个苹果中去掉2个，用减法计算，列式是：5-2=3（个）。这两道题是运用加法和减法的意义建立数学模型。一步计算实际问题是小学解决"实际问题"教学的基础与启蒙，要抓好对四则运算意义的理解与运用，帮助学生逐步感悟数量关系。

两步计算的问题是解决多步计算问题的基础，是学生学习解决实际问题的转折点，也是学生学习的难点所在。在教学过程中，教师容易忽视帮助学生掌握寻找解决问题的方法，只是让学生自由解答，只对解答的结果做出评价，而忽视对学生思维过程的评价，因此造成了学生不会根据数量关系分析和推理得出先算什么、后算什么，即学生没有掌握解决实际问题的方法，给解决问题造成了思维障碍，也就不能有效地解决实际问题。在教学两步计算解决问题时，教师应着力引导学生学会分析法和综合法这两种基本方法。分析法是指从问题想起，推到已知条件，找到解决问题的主要数量关系，逐步解决问题。综合法是指从条件入手，把间接条件逐步转化为直接条件，最后解决所求问题。例如，三年级上册教材第69页第九题，一篇稿件共2页，每页240个字，黑板报只能写8行，平均每行写多少个字？从问题入手要求平均每行写多少个字必须知道哪两个条件？这两个条件是稿件的总字数和行数，其中行数已知为8行，求稿件的总字数必须知道哪两个条件？即稿件的页数（2页）和每页的字数（240页），这样从问题入手得出已知条件，再进一步列式解答。

在中高年级的"解决问题"教学中，教师应更多地发挥数量关系的作用。在小学阶段常见的数量关系（如速度×时间=路程、单价×数量=总价、工作效率×工作时间=工作总量等）都是数学模型，学生在理解的基础上运用数学语言加以概括，在交流分享中提高学生解决实际问题的能力。例如，有这样一道题：甲乙两列火车由两城同时相对开出，甲车每时行60千米，乙车每时行51.4千米，行了4时两车还相距137.4千米，两城间铁路线长多少千米？一学生分享了自己的想法：解答此题从条件入手，题目中分别告诉了甲乙两车的速度、行了4时，即可以用"速度×时间=路程"这一关系式分别求出甲乙两车4时各行了多少千米，再根据"行了4时两车还相距137.4千米"这个条件就能求出两城间的铁路线长多少千米。学生掌握了数量关系，再进行有条理的思考，就不难分析出这道题的解决方法了。因此，教师要有意识地引导和帮助学生厘清数量关系，建立数学模型，让学生在分享中启发思维多角度解决问题。

总之，"解决问题"教学是数学教学中不可缺少的一部分。课程改革提出了新的教学理念，引领着"解决问题"教学思想和方式的创新发展。"解决问题"教学不仅仅是让学生会解答数学习题，更多的是让学生获得解决问题的方法，并能在生活工作中运用这些方法。只要我们立足教改不断地学习、实践，不断地反思、创新，探索出科学、完善、优化的"解决问题"教学的方式方法，就能有效地提高教学质量。

分享式教学中的小组合作学习

在分享式教学中，最常见的教学形式是小组合作学习，小组合作学习是个人独立思考完不成任务而产生的合作需求。在分享式教学中如何进行小组合作学习？具体可从以下几方面入手。

一、小组合作学习时教师的作用

要让小组合作学习真正发挥作用，教师必须充分发挥主导作用。教师要做好充分的课前准备工作，在设计教学时要对学生学习的特点、教学目标、教学环境和资源等方面进行深入细致的分析，从问题情境、自主学习、协作环境和学习效果等方面进行系统设计。课前教师要搞清楚以下几个问题：为什么这节课（这个环节）需要小组合作学习，不用可以吗？如果要用，什么时候用，问题应怎样设计，合作学习需要多长时间，可能会出现哪些情况，教师应怎样点拨？以此避免一些形式主义的做法，提高小组合作学习的效率。

在小组合作学习时，教师要深入小组中，了解学生小组讨论的情况，通过观察、参与、巡视、指导等方式积极地加以调控，应重视引导学生，大胆放手，从而不断深化学生对知识的探索过程，形成学生自主学习、合作探究的风气和习惯。

二、小组合作学习的方式

在独立学习并对所学知识充分感知的基础上，学生可以通过合作学习和互相帮助来共同解决问题。教学时，教师首先要将全班学生均衡分成小组，通常为四人一组，可以就近前后两桌同学组成一组，也可以按照学生的成绩划分小组，将学习好的和学习有困难的学生搭配成一组，或者自由组合，让学生找自己关系好的同学在一起讨论，这样便于他们主动参与、积极交往，有利于师生、生生之间的多向交流，起到相互促进的作用，最大限度地发挥学生的主体地位。

三、小组合作学习的内容

小组合作学习可以使学生各抒己见、互相学习、共同提高，深得学生喜爱，但并不是任何一堂数学课都适用，教师在选择时要因地制宜，运用得恰到好处。那么，什么情况下适于小组合作学习呢？

首先，在知识的重点、难点处可以组织小组合作学习。

其次，在知识探索过程中可以组织小组合作学习。

再次，在运用概念、性质或定律进行判断和辨析正误时可以组织小组合作学习。

最后，在寻找解决问题方法的过程中可以组织小组合作学习。

四、小组合作学习的时间

在教学中，有的教师采用了合作学习，而且看似很热闹，可是正当学生热烈讨论的时候，教师急于赶时间，就发出了停止信号，而有的学生还没有来得及发表意见，这种"形式"上的讨论不可取。有的教师让学生漫无边际地说，浪费了时间，教师不能很好地调控合作学习的过程，这种"放任式"小组合作学习也不可取。教师要给予学生足够的时间讨论，要让不同层次的学生发言、补充、更正，这是学生思维火花最容易闪现的时候。

五、小组合作学习对年龄的要求

小学生思维发展的基本特点是从以具体形象逻辑思维为主要形式逐步过渡到以抽象逻辑思维为主要形式，但这种抽象逻辑思维仍然是与感性经验相联系的，仍然具有很大成分的具体形象性。而小组合作学习交流往往需要学生对事物的本质属性进行概括，对一些复杂的问题进行分析、综合、判断，而这些都要依赖于学生的抽象思维。低年级学生的思维活动在很大程度上还是同具体事物或生动的表象相联系的。另外，低年级学生的自控能力也比较差，因此低年级的小组合作学习可以在同桌之间进行。

　　"小组合作学习"方法既是一种传统的教学方法，也是具有现代意识的一种探索未知的教学方式，在以培养学生的创新精神和实践能力为重点的素质教育中，是值得研究的一种教学技术。教学有法，教无定法，贵在得法。任何一种教学方法都不是放之四海而皆准的，都有其适用的范围。这就要求教师根据自身的素质、教材的特点和学生的实际情况，遵循教育教学规律，选择最佳方法，合理灵活地加以运用，并在教学实践中不断总结创新，从而使学生数学学习既积极主动，又富有成效，使学生数学学习的水平得到切实有效的提高。

分享式教学让学生插上想象的翅膀

——《认识三角形的特征》教学之探究

三角形是生活中常见的一种图形。在平面图形中，三角形是最简单的多边形，也是最基本的多边形，学生已有丰富的实践经验，因此教师在教学三角形的概念时，要让学生自己去体验、去感悟，在猜想验证中体验概念的形成，在操作实验中感悟数学知识的生活化，在交流分享中体验成功的乐趣。

一、猜想验证，引入概念

学生思维较直观，学生对三角形只有粗浅的认知，只能得出片面、肤浅的概念。甲生说："由三条线段组成的图形是三角形。"乙生说："由三个角组成的图形是三角形。"丙生说："由三条边三个角组成的图形是三角形。"哪名学生发言，教师就用哪名学生的名字命名，让学生感到有趣，并产生了后续学习的积极性；然后教师通过出示一组判断题"下面哪个图形是三角形？为什么"？让学生看看哪名同学总结的概念准确；最后，教师通过课件演示三角形三条线段首尾相连的过程，再次让学生总结三角形的概念——"由三条线段围成的图形是三角形"便水到渠成。学生从自己的猜想、判断、验证中，体会到了数学概念形成的动态过程，有利于概念的牢固建立。

二、实验探究，理解概念

三角形在生活中经常见到，教师在教学时可以先播放一组视频，让学生观察视频中出现最多的是什么图形，学生发现三角形最多。教师再让学生找一找生活中还有哪些物体的面是三角形，从而揭示课题：三角形的认识。这样为教材内容选择、补充生活背景，让学生体验到数学问题来源于周围的生活，从而激发学生学习的内在动力。

　　教师在教学三角形的特性时，再让学生观看课前的视频，想一想生活中为什么要在这些地方用到三角形，通过实验来验证三角形稳定性的特征。教师用3根木条钉成一个三角形，用4根木条钉成一个四边形，让两名学生上台实验，用力拉三角形或四边形，最后得出三角形不容易变形，具有稳定性，而四边形容易变形。教师再引导学生在生活中找一找，哪些物体应用了三角形稳定性特性。教师在课件中出示一组生活中应用三角形的例子的画面，让学生再次体验数学与生活的密切联系，进一步提高学生的实践能力。课后教师还可以布置实践作业：在生活中找一找还有哪些物体应用了三角形特性的例子，说给同学听。这样就使教材内容实践化、社会化，引导学生走出教室将所学知识应用于生活。

三、合作分享，建构概念

　　在教学三角形的意义时，学习方式主要以自主学习为主。在教学三角形的分类时，教师放手让学生通过小组合作学习、分享交流的方式来学习。首先，教师出示合作要求：按三角形角的特点、边的特点把三角形进行分类。学生在小组内通过讨论交流、合作学习将三角形进行分类。按边分类难一些，教师可引导学生把三角形的边量一量、折一折，想一想如何分类。其次，教师根据学生的分类，将三角形按角和边分别用集合图形象地表示出来，这样给学生留下了深刻的印象。最后，教师让学生闭上眼睛，在头脑里想象一个三角形后，再想象一个钝角三角形、直角三角形等，然后把想象的图形画下来，判断自己想象的图形对不对。这样的练习有利于培养学生从具体到抽象的思维方式。对于动作思维占优势的小学低年级学生来说，"听过了，就忘记了；看过了，就明白了；做过了，就理解了"。

　　教师在《认识三角形的特征》一课运用分享式教学理念，以学生为中心，视学生为学习的主人，从问题出发，鼓励学生积极思考，并大胆地分享自己的见解。在整个学习过程中，学生敢于表达、敢于想象、乐于表达。教师用实践的眼光处理现行教材内容，让学生动手"做"数学、动嘴"说"数学、动脑"想"数学，在自主探索、交流、分享中体验数学概念，从而促进了学生对数学概念形式透彻清晰的理解。

分享式教学如何让学生的分享更有效

学习金字塔是由美国著名学者、学习专家埃德加·戴尔首先发现并提出的，它用数字形式形象显示了：学习效果在30%以下的几种传统方式都是个人学习或被动学习，而学习效果在50%以上的都是团队学习、主动学习和参与式学习。在金字塔基座位置的学习方式是"教别人"或者"马上应用"，可以记住90%的学习内容。让学生在讨论中学习、在实践中学习，同时把从各种渠道获得的信息与他人分享，这样可以大大提高学习的效率。

《数学课程标准》指出：通过数学学习，学生要学会与他人合作交流，养成认真勤奋、独立思考、合作交流、反思质疑等学习习惯。在数学学习的过程中，生生之间相互分享自己的发现、观点或想法，是生生之间合作交流的重要方式。

一、学生在课堂分享中存在的问题

1. 学生分享的意识不强

由于课堂上分享氛围不浓厚，有的学生想表达自己的意见，却担心自己说不对会被同学笑话——不敢说；有的学生对问题不会解答——不会说；有的学生会回答问题，但不愿意主动把自己的想法与其他同学分享——不想说；有的学生觉得自己没有能力表达清楚，就干脆不分享自己的想法——不能说。

2. 学生分享水平较低

有的学生因为听不清要求，所以回答的时候答非所问；有的学生尽管能表达出来，却只是比较浅层次的回答，表达也不清楚；有的学生有强烈的表现欲望，脱口而出并没有经过思考。

二、制约学生课堂分享有效性的因素

学生的有效分享，是建立在"听清""想清""说清"三种不同的思维活动上的。分享的时候，学生站在讲台上，其他学生倾听，分享者和台下的"听众"缺一不可，只有分享者和"听众"的交流才使得分享有效。这个过程其实是对台上学生的理解和尊重，这样的经历让学生获得了自信。

制约学生分享的有效性主要有以下两个方面原因。

（1）学生层面：由于个人性格以及认知水平的限制，学生在"听清""想清""说清"上面还存在着这样或那样的问题。

（2）教师层面：在学生分享中存在问题时教师不能有效介入；教师心中早有预设的标准答案，总希望学生的回答跟自己预设的一致，如果学生回答的不同，教师就会表现出急躁的情绪。因此，教师要努力营造民主、平等、自由的课堂氛围，尊重、理解、欣赏、认可学生的观点，善于应对学生各种不同的想法，并适时引导。

三、明确要求，强化训练，提高学生课堂分享的有效性

1. 培养学生的倾听力

认真听讲是学生学习数学的一种重要方式。在课堂上，教师要注重培养学生的倾听能力，使其明白"听什么""怎么听"。首先，教师要求学生专心听讲，听清楚别人的每一句话，自己能复述；其次，要求学生耐心听，不打断别人的发言；最后，要求学生一边听一边思考，并能对别人的发言做出判断。

2. 发展学生的推理能力

学生的动手操作能力、实验验证能力、语言表达能力等都是以"想清"为基础的，学生要想在分享时"有话可说"，一定要经过充分的思考、有条理的思考，这样才能达到"想清"的目的。教师应帮助学生找准思考的起点，厘清

思考的方向，只有学生理解了，他们才能真正学好数学。

3. 提高学生的语言表达能力

"说清"是建立在"听清"和"想清"的基础之上的，"说清"是内容的重组，要求更高，教师要逐渐训练学生"我想说""我敢说""我能说""我会说"，以提高学生的语言表达能力。

教师要利用各种方法激发学生的自信心，让学生大胆地表达自己的意愿，展示自己。在学生展示时，教师应及时进行点评，尤其是对那些胆小的学生要多加鼓励，即使他们说错了也要不训斥，更不要急躁地打断他们的发言。教师的语言和表情对学生至关重要，都会影响学生分享的信心，教师要营造"参与无错"的课堂氛围。

在课堂教学过程中，教师要积极培养学生的语言表达能力。例如，教师通过"你是怎么想的？""他是怎么想的？""你原来是怎么想的，现在又是怎么想的？"等问题来提升学生的语言表达能力。此外，学生在全班分享前，教师可以让他们在小组中先演练一下。因为学生从不会说到会说，再到能够完整、流利地表达自己的想法，这需要一个较长的过程。因此，教师要采取有效的方法，逐步提高学生的语言表达能力。

另外，在学生发言前，教师要为学生预留足够的时间，让学生的思考更深入。教师可以通过"我有补充、我有疑问、我有夸奖、我有建议"等语言模板，引导学生倾听、思考、表达。

例如，讲授小学一年级数学上册《有几瓶牛奶》一课时，教师可以为学生设置这样一个问题：请大家计算一下"9+5"等于多少，并说一说自己是怎么想的？

生1：我把5分成1和4，先计算"9+1=10"，再用"10+4"得出答案为14。

生2：我把9分成5和4，先计算"5+5=10"，再用"10+4"得出答案为14。

刚开始，学生的语言表达含糊不清，教师可以让语言表达能力较强的学生先展示，然后继续问其他学生：谁还能再说一遍？谁赞同刚才这两名同学的说法？这样学生就能够在互相交流的过程中，锻炼自身的语言表达能力。

总之，教师应积极为学生创设轻松、和谐的学习氛围，要增强学生的自信心，让学生能够愿意分享、敢于分享并有足够的时间和机会来分享。此外，教师还应引导学生在观察、实验、猜测、计算、推理、验证等过程中积极分享。在学生分享时，教师和其他同学要不断反思，改进自己的方法，努力提升分享的有效性。

第五章

分享式教学的
实践案例

"有效分享"的策略研究课题实践

《小学数学分享式教学中"有效分享"的策略研究》课题开题报告

一、课题涉及的主要概念界定

1. 分享式教学

分享式教学是在合作学习理论指导下以展示、交流为主要特征的课堂教学方式。分享式教学的基本流程：呈现问题—独立思考—小组交流—全班分享。

2. 有效分享

有效分享是指学生通过分享获得具体进步或发展，即学生在分享中其语言表达能力的提升以及思维能力的发展称为"有效分享"；反之，如果学生没有得到应有的发展，就是无效或低效的分享。

二、课题研究价值分析

（1）本课题研究符合新课程标准的精神，有利于真正营造师生民主平等的文化氛围，激发学生的创新欲望和潜能，培养学生开放的人格，有利于培养兴趣浓、思维活、学力强、有创新精神的学生，为学生的未来发展奠定基础。

（2）促进学生学习方式的根本变革。课堂不再以教师讲授为主，而是以学生自主式、交互式、个性化学习为主。学生在"问题—思考—分享"中真正成为学习的主人，学生主动参与，形成交流互动。在新的学习方式、交流方式中，学生个性化得到了发展，课堂实现了以人为本。学生通过交流、反思、合作等，形成作为一个完整的人所需要的关键能力和必备品格。

（3）有效分享，有利于激发学生非智力因素，推动学生主动学习。学生通过经历敢分享——会分享（表达观点要有依据）——悦分享（分享过程中得到他人的认可后会获得愉悦的、成功的体验）的过程中，提升思维品质，提高思维能力。

三、课题研究内容

（1）分享内容确定的依据。（什么值得分享？）

（2）分享中的规则建立。（怎样分享？）

（3）"有效分享"的评价标准。（怎样分享才有效？）

（4）教师在学生分享前、分享中、分享后的作用。

四、课题研究的创新之处

（1）本课题是运用分享式教学理念，着力研究学生"有效分享"的策略，满足学生的个性化学习需求，促进学生数学素养和学习能力的提升。

（2）分享式教学体现了"以学为中心"的教学理念。本课题的研究，能为"以学为中心"的课堂教学理念提供鲜活的实践样态，促进小学数学课堂教学的实践转型。

五、课题研究思路

（1）学习他人+自己实践。学习国内外关于分享式教学改革的先进经验，找到本课题的生长点，不断实践、总结和反思。

（2）自主研究+同伴互助+专家引领。每位教师在自主实践中发现问题、寻找对策、定期交流，同时，专家为教师点拨思路、引领方向。每月一次专家组内指导，单周课题组内试讲研讨，双周专家指导专题观摩、研讨，并使研究活动常态化、制度化。

（3）问题+对策。每位教师发现自己课堂教学中的问题，并寻找对策，形成过程研究资料，最后总结、梳理针对每个问题所采用的教学策略，通过不断总结—反思—提升，促进阶段成果生成。

六、课题研究方法

本课题以行动研究法为主，辅之以案例研究、资料收集、问卷调查、统计分析、观察调研、文献研究、访谈等方法。实施行动研究要注意几个环节，即每一研究阶段都必须遵循"计划—行动—观察—反思—调整"的模式开展研究。

（1）行动研究法。每位教师将学习他人与自我实践相结合，在课堂中实践、在实践中思考并不断改进。课题组定期召开专题研讨会，分享研究成果，提出困惑、寻找策略，及时总结推广经验，找出问题解决方法，进行纵向和横向对比来验证效果。

（2）案例研究法。课题组以某个或某几个案例来进行重点研究；探索用课堂观察法和数据分析法来研究分享式教学理念下的课堂教学方式和传统的告知式及启发式的教学效果的差异；研究运用分享理念的教学方式是否能促进学生主动提问、主动寻找多样并创新的方法以及主动合作与交流、主动评价反思能力的形式；研究学生个体学习数学情况，并针对典型课例进行专题研究，形成个案。

（3）辅助研究方法。

① 文献研究法。在课题实验研究中，课题负责人经常带领参加研究的成员学习相关理论知识，学习国内外与此相关的研究成果，定期学习信息技术，不断提高课题研究成员的理论素养和信息技术水平，确保实验顺利有效地开展。

② 问卷调查法。课题组设计问卷，调查学生喜欢的学习方式，调查教师研前、研后的感受。

③ 经验总结法。在课题实际研究工作中，课题组不断地反思和总结经验，并将实验中获得的经验以经验论文的形式反映出来。

④ 实验推广法。为了检验小学数学分享式教学"有效分享"实践策略的可行性，课题组在实验后期，将比较成功的研究成果，以专题报告、公开课、研

讨课、同课异构等形式先在区域内进行实验推广，有了一定的经验后，再向其他区域推广。

七、课题研究技术路线和实施步骤

（一）技术路线

查阅文献—确定研究方向—明确研究的课题—组建研究团队—开展理论研究—进行课堂案例实践—收集研究成果—交流—总结—撰写研究报告—申请结题。

（二）实施步骤

本课题研究周期预计为一年（2019年6月1日—2020年5月31日），计划分以下三个阶段。

1. 准备阶段（2019年6月1日—2019年6月20日）

（1）搜集资料。课题人员了解国内外分享式教学的研究视角及研究成果，明确本课题研究的生长点；组织课题主研人员对课题的价值进行论证，达成共识。

（2）申报立项。在集体讨论的基础上，课题人员确立课题内容，明确研究思路，成立课题组，完成课题研究方案的设计和论证。

（3）制订课题实施方案，开展培训活动。课题组撰写课题研究的总体方案，拟订课题研究的具体内容和目标，健全组织，课题组成员进行组内分工，明确各自职责。

2. 实施阶段（2019年6月20日—2020年4月30日）

课题组按既定方案组织实施，开展专项研究活动，并分阶段对课题实施情况进行检查、评估；不断完善实施方案，改进研究与实验工作。

（1）课题组首先要做好问卷调查，问卷的设计从两个方面入手：一是"学生对分享式教学的体会"的问题设计，二是"教师对分享式教学的认识"的问题设计；了解学生和教师对分享式教学过程存在的问题和困惑；做好原始资料的积累工作。

（2）课题组按课题研究方案组织研究，完善课题研究方案。

（3）课题组在部分学校开展各种分享式教学研讨活动。

（4）课题组总结教师在开展分享式教学活动中的优点和不足，逐步提炼"有效分享"的策略。

3. 总结阶段（2020年4—5月）

（1）在课题验收前期，课题组根据研究的资料，对实验结果做出定性和定量分析，写出结题报告，申请结题鉴定。

（2）课题组收集整理有关优秀论文、案例、反思、课件、视频光盘等成果。

（3）课题组做好成果的推广工作，撰写专题报告。

（三）相关活动

在课题实施过程中，课题组将适时组织各种类型的研讨活动，包括：

（1）开展课题研究的培训活动。

（2）进行阶段性检查、评估，汇报，展示研究实验成果。

（3）组织教师观课、议课，互相发现问题、取长补短，逐步完善实验方案。

（4）邀请专家、课题组研究员赴实验教师所在学校进行交流、指导。

（5）开展成果展示交流活动。

（6）与相关报纸、杂志合作，为实验教师及学生搭建展示平台。

（四）成果形式

本课题研究成果的主要形式是论文、案例集、教学光盘、研究报告等。

《小学数学分享式教学中"有效分享"的策略研究》
课题中期报告

"分享式教学"在小学数学课堂中有效运用的研究是把课堂还给学生，让课堂焕发出生命的活力，让学生成为课堂的主人。在教学过程中，教师为学生创造一个自由、平等、和谐且有利于成长的环境，最大限度地开发外在因素，为内在因素服务。教师采用"分享式教学"这种行之有效的方式，激发学生发现问题、提出问题、生成问题、解决问题的兴趣，让学生乐学、好学。课堂评价是一大亮点，采用师生评价、生生评价、自我评价以及定性评价与定量评价相结合的多种评价方式，导向生成。

为了开展《小学数学分享式教学中"有效分享"的策略研究》，主持人带领课题组成员，积极开展课题相关探索，自开题以来，围绕课题研究计划，进行深入的研究和探讨，取得了阶段性研究成果。

一、课题研究目标

（一）课题研究总目标

本课题通过研究"小学数学分享式教学中'有效分享'的策略"，探究出小学数学分享式教学中"有效分享"的方法，构建出小学数学"有效分享"课堂学习模式，并通过课例研究构建"有效分享"评价标准，实现课题研究的预期目标。

（二）课题研究具体目标

（1）通过实践研究，培养学生使用数学语言表达与说理的能力，达到提升学生的学习能力的目标，使全体学生都能在数学上得到良好的发展。使部分学习较差的学生在获得知识的基础上，能在教师和同学的帮助下比较准确地用自己的语言有根据地表达，达成问题解决的目标；使部分学习较好的学生在理解知识的基础上，能比较准确、清晰地用自己的语言有条理地表达，能进行有效的互动和反馈，达到学以致用的目标；使学优生在理解知识的基础上，能准确、清晰地用自己的语言有深度地表达，能进行有效的互动和反馈，达到学会学习的目标。

（2）教师转变教学理念，处理好"教"与"学"的关系，做好引导者、质疑者、评价者，最终达到"教是为了不教"的目标。

（3）在分享式教学中，注重培养学生倾听、质疑与分享的习惯。

（4）在课题研究实践中，形成"观摩、研讨的常态化教科研创新模式"。

（5）在课题研究实践中，加强理论培训，突出"教"向"学"的转换，实现教师角色的转变，培养一支中青年教科研数学教师队伍。

二、课题研究主要内容

（1）课题研究教材范围：北师大版1~6年级数学教材。

（2）课题研究重点内容：

① 分享的内容确定的依据。（什么值得分享？）

② 分享中的规则建立。（怎样分享？）

③ "有效分享"的评价标准。（怎样分享才有效？）

④ 教师在学生分享前、分享中、分享后的作用。

（3）课题研究难点：在数学课题研究实践中，构建小学数学分享式教学"有效分享"的策略架构。

（4）目前小学数学分享式教学中"有效分享"的策略存在的误区原因分析。

① 分享过程出现秩序混乱的现象，学生没有建立良好的规则，学习效率低。

② 分享式教学忽视了学生学习的差异性。学生在学习中的表现与其自身内在因素有很大的联系，语言表达能力强的学生掌握了话语权。

小学数学分享式教学除了针对以上问题进行相应的整改措施外，我们拟从教师、学生不同层面入手，构建"有效分享"的策略体系。

三、课题研究主要进展

本课题研究将按照"总体构想、分段实施、总结推广"的工作思路，分准备、实施、总结三个阶段进行。现已完成第一阶段，第二阶段正在进行中。

（一）本阶段研究工作的内容、情况

（1）编制调查问卷，开展调查研究。运用问卷调查法，设计、制定、编辑学生调查问卷、教师调查问卷、家长调查问卷，对回收的问卷做好有效统计分析，在取得客观数据后，撰写出《"分享式教学"有效运用学生调查报告》《"分享式教学"有效运用教师调查报告》《"分享式教学"有效运用家长调查报告》3个调查报告。

（2）举行课题研究开题仪式。课题组成员全体参加，明确课题研究目标、课题研究任务、课题研究方法、课题研究步骤。

（3）课题组成员均为一线教师，通过课堂教学对课题进行实践与论证。课题组通过教师微课、示范课及学生"有效分享"视频来了解"分享式教学"在小学数学课堂有效运用的现状。

（4）课题组内开展读书活动，课题组成员积极参加相关培训，学习先进经验并不断总结。

（5）参与课题研究的成员做到"四个一"，即每人一节研讨课、一篇教学设计、一篇教学反思、一篇教研论文。

（6）查阅文献资料，在汲取他人成果的基础上，结合课题研究的实际情况，课题组成员撰写出《在低段数学课中培养学生语言表达能力案例研究》《让学生在分享中快乐成长》《数学课堂用"分享"让思维真正发生》等论文在《教育学》上发表，论文《让数学与生活成为等式》在《中小学教育》上发表，《如何让学生的分享更有效》在《陕西教育》上发表。

（7）课题组做好课题阶段性总结，并不断修正课题实施过程中出现的问题；注重过程性材料收集，形成中期总结材料。

（二）重点开展的研究工作

（1）教师有效地教——教师研讨课、示范课、送教。

（2）"有效分享"——策略收集。

（3）关于不同学习水平学生的应对策略。

四、课题研究阶段成效

（一）"有效分享"的重要意义

"有效分享"在小学数学课堂中的研究是非常有必要的。从课堂实际以及调查过程中发现：学生有时思维迂回，无法深入；全班分享时方法多样，但混乱不清；学生忽略重点问题，使重点一带而过；小组交流，个别学生一言堂，使其他学生丧失话语权；学生有时对于细枝末节过度关注；学生有时会遇到困难，解释不清；等等。这些都是课堂中分享交流存在的问题。

把自己所学的内容分享给别人听是一种非常好的学习方法和学习习惯。

对所讲内容的理解以及别人的质疑和问题，都会不断地促进你的反思，拓展你对内容的思考，而分享给别人听，表面上看帮助了其他同学，实际上自己受益更多。因为语言是思维的载体，只有真正理解了，将所学的知识纳入自己的认知体系，才有可能将其表达清楚。所以，学习者是否理解、掌握所学的知识方法，"有效分享"是检验的法宝。

（二）"有效分享"的规则

分享式教学要建立分享规则，在规则建立初期教师要不断强化训练。

1. 分享时学生语言要规范

台上分享的学生介绍自己的想法时，可以问同学：

你们明白我的方法吗？你们有和我一样的方法吗？请问大家听懂我的讲解了吗？还有谁有疑惑、建议和评价？

台下的同学可以这样说：

我有补充，我有评价，我有建议，我有夸奖，我有提醒，我有疑惑，我有总结。

我先回应一下某某的说法。

我理解你的想法，我承认你的方法好，但是我有补充……

我很同意你的发言，请问可不可以让我来介绍一下我的方法？

2. 小组内分享分工明确

小组内分享时要分工明确，安排好发言员、记录员、补充员、组织者。发言人首先在讨论时要积极发言，组织好语言，然后要认真听取他人的见解，为全面展示做好充分的准备，最后展示时代表组内的意见，要大声且大方。

3. 全班分享的规则

发言人分享前要尝试独立思考，组织好语言，引起同学们的注意；小组内合作分享时，积极参与，分工明确，有序发言，把握好时间，完成讨论交流任务；讨论完成后安静等待和整理思路，为全班分享做准备；进行全班分享时，要注意倾听，对比自己与他人的思路及方法，是否有相同和不同之处，待他人分享后，及时补充质疑和适当精准评价。

（三）分享式教学的基本环节

分享式教学的基本环节是问题—思考—分享。

（1）提出问题，独立思考。分享式教学初期教师可以选择表达能力较强的学生作为开课的主持人，这部分学生在全班也会起到示范作用。独立思考，是指让学生有独立思考的时间和空间，引导学生思考的方向和方法策略，为后续的"有效分享"做铺垫。

（2）小组分享，合作学习。在小组交流环节，每个成员都知道分享什么，怎么分享。小组的每个成员在分享时有机会分享，有内容分享；小组内的分享有序、务实和有效；组长要安排好全班分享的顺序，如有几个人上台分享自己的解题方法策略，每一个成员分享的顺序、时间，等等，为全班分享做好准备。

（3）全班分享，解决问题。首先分享小组上台分享自己的想法，分享的学生要讲清楚问题。台下的同学要认真倾听，可以从不同的方面提出质疑和补充。对台下同学提出的质疑，先由分享的学生解答，回答不上来就由台下同学解疑。这样就构成了生生、师生之间多向互动交流的评价。其他分享小组按照以上的规则和顺序进行分享。按照这样的分享规则实施之后，分享的学生知道分享什么，怎么分享，他会把自己解决问题的思路讲清楚、说明白，台下的同学也知道听什么，听解题的思路、听关键，还可以从不同的方面提出质疑，这样让台上分享的同学和台下倾听的同学产生互动。课堂上有质疑声、有争论声、有赞叹声，提高了学生的组织能力、表达能力和思辨能力。在分享式教学实施的过程中，教师针对不同的教学内容，本着以学生学会学习、发展学生的思维能力和创新意识为主确定分享的规则，形成一种"有效分享"模式。

（四）"有效分享"评价标准

根据余文森教授的《能力导向的课堂有效教学》的研究，学习能力分为阅读能力、理解能力、表达能力三个方面，对应课题内容如下。

阅读能力——对当天所学知识最直接、最基本的应用，即模仿。

理解能力——对当天所学知识有思考的应用。其中，有思考体现在以下三个方面：一是能提出有关本节课内容的问题，二是能解决生活中简单的实际问题，三是能举一反三。

表达能力——思维的外显，能用自己的语言表达当天所学知识。它体现在以下三个方面：能提出有关本节课内容的问题；能解答教师和同学们提出的问题；表达清晰，让人一听就懂。

结合学生的年龄特征和认知水平以及他们的知识经验，教师应该分层次地引导学生进行有效分享。低段学生的理解能力和表达能力有限，因此应该引导着说；中段学生的知识水平和表达能力已经有所提升，因此应该自主地说；高段学生的表达能力和思维水平比较完善，因此应该创新地说。在分享式教学中，"有效分享"能力的培养是一个过程，需要教师慢慢地去引导示范。

综上所述，我们制定了不同学习水平的学生在分享中的评价标准。

后进生：关注是否正确解决了问题，互动交流时以赏识为主。

中等生：关注是否解决了问题，表达是否清晰，能否解答同学的质疑；互动交流时以激励为主。

优等生：经历模仿—创新的过程，不是对教师讲的内容进行简单的复制，要有自己的理解和思考以及发现；互动交流时以是否让学困生听得懂、学得会为主。

"有效分享"评价标准见表5-1。

表5-1　"有效分享"评价标准

初级分享	表现勇敢大方，声音洪亮，解决了问题
中级分享	分享思路清晰有序，完整准确，能解答质疑
高级分享	分享语言严谨简洁，让别人听懂学会

（五）"有效分享"的培养策略

策略一："有效分享"需"乐分享"。

（1）乐分享要善于动口。语言是思维的工具，更是思维的外化过程。乐分享就是学生在感知基础上，能够借助表象语言来理顺思路，对感性材料进行比较、分析、综合，进而抽象概括，然后用语言表达出来。在数学课堂上，教师要实时通过学生的语言来了解学生接受知识的情况，调控自己的教学思路。

（2）乐分享要勤于动手。让学生在摆、拼、剪、量一量、画一画、做一做等亲身体验中理解新知识只有积极参与动手实践分享时才能有理有据。

（3）乐分享旨在让思维真正发生。数学课堂教学要依靠学生的学习活动做支撑，学生的学习活动如果没有学生的"思维"肯定不行，但学生是否"动"起来，关键要看学生的大脑是否在有效思考，而不是单单看学生的表面活动量，不能只凭学生的表面活动现象。教师要善于通过活动来启发、引导学生独立思考，营造积极思考的教学氛围，启发学生的思维，让学生学会思考，从而激发学生的创造精神，这也是课堂教学的关键所在。

策略二："有效分享"需教师找准分享内容，通过问题引发学生思考，鼓励学生先在小组内交流分享，再在全班展示分享；通过分享所见、分享生活、分享实操、分享想象、分享作品等，学生从"乐分享"到"善分享"。

策略三："有效分享"需明确要求，强化训练。

（1）培养学生"听清"的能力，重视学生倾听能力的培养。

（2）培养学生"想清"的能力，对于知识的来龙去脉、因果关系一定要想明白；发展学生的演绎推理能力。

（3）培养学生"说清"的能力，提高学生的语言表达能力和思维能力。

策略四："有效分享"需重建课堂新秩序，让行动从无序到有序。在学生分享自己的想法与做法的时候，不管是分享者还是倾听者都应该遵守一定的规则，只有这样分享才更有效。因此，在分享前，规则建立就显得尤为重要。

在实施分享式教学的过程中，学生自我创建的分享规则是分享式教学得以顺利进行的重要前提。这些规则若由学生自己创建，将会更好地被遵守和实行。

（1）各小组在全班分享的机会要均等。在全班交流分享时，学生代表随机安排每个组在全班分享交流中的任务，每个组每个学生都有交流的机会。

（2）作为分享者，应该组织好自己的语言，梳理思路，调整心态。作为倾听者，首先应该专心地听，听清别人的每一句话，能复述一遍；其次应该耐心地听，不打断别人的发言；最后应该能对别人的发言做出判断，能与自己的想法进行比较，一边听一边思考，能对比完善自己或同伴的想法，做到听、思、说并重，相互促进。

（六）数学课堂中"有效分享"的五条建议

建议一：教师要注重学生问题意识的培养。在平时的教学中，教师一定要注意培养学生的问题意识，常用的就是"3W"问题，即：是什么？为什么？怎么用？只要学生具有良好的问题意识，在互动交流时就能很好地质疑。

建议二：生进师退，教师一定要抑制住想说的冲动，这一点也是最难的。学生能说清的，教师不说；学生已经解决的，教师不重复；学生能想到的，教师不发言。教师要尽量在课堂上给学生留足思考、表达的空间和时间。

建议三：教师要善于捕捉，注意把控内容和节奏。在练习环节中，教师并不是甩手掌柜，相反，对教师的要求更高了。教师要更善于倾听，积极捕捉正面的教学素材，及时把控好内容和节奏，做好质疑、引导、评价，既不要让课堂陷入无谓的争辩，又不能完成不了教学任务，同时把握好介入的时机。

建议四：教师要关注不同学习水平学生的不同要求。简单地说，后进生分享时，能基本正确地解决问题，可以上台板演，在教师的帮助下基本能说清思路即可，教师对其评价时以赏识、鼓励为主，对标学生核心素养中"自我管理"；中等生分享时，在有条理地阐述完解题过程后，要能有依据地解答同学们的质疑，基本上做到以理服人，教师对其评价时围绕解决问题的思路展开，对标学生核心素养中"勤于反思"；优等生分享时，不仅能有条理地清晰表达，还能解决同学们的质疑，更重要的是有解决问题的策略，能举一反三，教师对其评价时关注解题策略和思维的深度，对标学生核心素养中的"乐学善学"。

建议五：家校同心育英才。分享式教学不仅在数学课堂中可以运用，在家庭教育中也可以进行适当运用，家庭教育不应是学校教育的补充，而应是学校教育的合作者，"有效分享"需要家长的有力支撑。事实证明，家长非常支持分享式教学。家长适当运用分享式教学既能看到孩子对当天所学知识的掌握情况，又锻炼了孩子的表达能力，还能陪伴孩子学习，一举三得。分享式教学的益处家长是看得见摸得着的，自然受到家长的欢迎。

五、研究主要结论

（1）教师要把课堂还给学生，让课堂焕发生命的活力，力争让学生成为课堂的主人。

（2）教师要给学生创造一个自由、平等、和谐且有利于生成的环境，最大限度地开发外在因素，为内在因素服务。

（3）教师不要放过"错误"的机会，用好错误的资源，也能变成数学课堂的闪光点。

（4）教师要采用行而有效的分享方式，激发学生发现问题、提出问题、生成问题、解决问题的兴趣，促使学生乐学、好学。

（5）师生评价、生生评价、自我评价以及定性评价与定量评价相结合的多种评价方式，导向生成。

六、下阶段研究工作计划

（一）课题研究中存在的问题和不足

（1）个别教师仍然放不下原来的教学方式，实际操作起来有点缩手缩脚，不敢大胆去尝试，生怕分享式教学会影响学生的成绩。

（2）常态教学下如何做到不同水平学生通过课堂"有效分享"获得均衡发展？特别是后进生。

（3）如何处理好一线教师教和研的关系？

（4）在课堂教学中，对于后进生的帮扶，老师"教"和学生"有效分享"哪种方式更有效？更高效？

（5）当围绕学生问题展开教学时，学生提出的问题偏离了教学目标，但很有价值，教师应该怎么做？学生对本节课内容已有了解，学生已不满足对课堂内容的学习，是再把知识给学生温习一遍，还是围绕学生真正关心的问题展开？两极分化如何做到均衡？

（二）待解决的问题及解决思路

（1）关于教学理念的转变，冯恩洪院长提倡："学生读过的不教，和学生争话语权的老师不是好老师，学生自己能解决的问题不教，学生相互之间能教会的不教。"

（2）如何处理好教和研的关系。教师要在教学中不断反思、不断总结，把好的思想及时记录下来。

（3）疫情下有效开展课题研究。课题组应合理安排时间，让全组人员同时开展研究，具体要做好以下几点：

① 针对分享式教学的特点，教师可以在课堂教学时让出更多的话语权，让学优生帮助学困生，带动其发展。

② 在互动交流时，不仅要以教师为评价标准，更要以学困生是否听懂、学会为标准。

③ 合理运用表扬信，积极捕捉学困生点滴的进步，及时表扬学优生的影响力。

④ 让学生经历思考，给学生留足思考的时间和空间。

⑤ 善用北师大版教材上的"问题银行"，心中始终有课程标准和教学目标，褪去浮华，回归本质。

（三）下阶段研究计划及确保最终成果的主要措施

（1）重点收集并整理课题组成员在教学中的反思，编辑成册，便于学习交流。

（2）重点形成学生在课堂上"有效分享"的策略，形成一定的方法。

（3）运用经验总结、案例研究等方法，对研究材料进行整理、分析、组合，加工修改研修案例；及时梳理课题研究全过程，为撰写课题结题做好充分准备，以申请结题。

（4）注重课题的研究过程和管理过程，注意课题材料原始过程积累，加强课题研究成果的提炼凝成。

（5）注重收集数据，用数据说话，在数据的基础上科学分析。

《小学数学分享式教学中"有效分享"的策略研究》
课题终期报告

一、课题成果主要内容

1. 理论成果

通过课题研究，参研人员从自身查找原因，改自身以促学生"乐分享、善分享"。课堂上被研究的对象——学生也开始对数学"分享"乐在其中，乐分享的学生越来越多，课堂气氛慢慢活跃了。

（1）"有效分享"教学策略"始"于教师自身。要使学生对数学乐分享，教师将课堂真正还给学生，让学生真正成为课堂的主人，这一点尤为重要。这也要求没有担任班主任的数学教师能常常和学生谈心，课间一起游戏，只有这样学生才能敞开心扉，敢于在课堂上暴露自己的缺点，学习分享数学。

（2）"有效分享"教学策略"备"在生活之中。在教授数学知识之前，教师要结合学生的以往经验，不可主观地认为学生是一张白纸，什么都不知道。现如今是高度信息化的时代，学生信息来源范围广，教师在备课之前要做好充足的心理准备和物质准备，特别应该走进学生当前、实时发生的事情，只有这样才能让学生对所教知识敢于张嘴，从而积极投入数学学习。

（3）"有效分享"教学策略"预"在备课之前。对于一些教龄高达20年的数学老师，他们都有着令人敬佩的敬业精神，在备课之前，喜欢将教案备得特别详细：教师如何问，学生如何答也都写得清清楚楚。但是研究者认为，教学是生成的课堂，是生长着的，因此在备课之前，我们需要揣摩问题如何有层次地串接起来，层层深入地引领学生在成长中获取数学知识，让学生的回答引领教师的"教"，只有这样学生才能成为课堂真正的主人，获得成功的喜悦，真正"分享"数学。

（4）"有效分享"教学策略"现"在授课之中。小学阶段的数学知识，大多都与学生的生活实际联系紧密。在课堂教学中，教师所授知识要尽量紧密结合学生生活。对于一些知识难点，我们可以采用学生现有的一些自带"学具"（身体、手、铅笔、红领巾等）进行演示，这样既不会给学生的学习造成负担，又能让学生体会到数学并不是想象中的那么难。课堂上，教师要将重点突破，难点化解，就会达到"会者不难"的效果，只要感觉到数学知识"不难"，学生一定会慢慢乐于分享自己的发现，从而不知不觉地主动学习数学。

（5）"有效分享"教学策略"延"在课堂之外。数学不只是在课堂教学中让学生"分享"，更需要时时处处让学生感觉到"数学好玩，数学有用"。这就需要教师将数学课堂延伸到课外，教师可以亲自带学生去教室外感受数学知识，也可以创设情境让学生"身临其境"地学习数学知识，有一些数学作业的布置也可以采用"实践作业"的形式，这样既能训练学生的操作能力、思维能力、探究精神，也能让学生真正善于"聚堆"分享。

2. 实践成果

（1）课题组通过两次问卷调查，对比、梳理了影响学生对数学学习"有效分享"的诸多问题。在研究的过程中，课题组分别针对教师、家长、学生做了三类调查问卷，完成了调查报告，得到了现阶段影响学生对数学不敢说的主要原因：一是学生看见数学教师就感觉"怕"，数学教师不苟言笑，看着挺"凶"；二是数学课堂上教师讲得多，学生说得少，有些教师讲的知识学生听不明白；三是学生感觉数学太难，很多知识都不理解；四是家长重分数、轻实践，对于教师布置的实践作业不重视，有些需要家长配合完成的实践作业出于种种原因，都没有完成。

在第二次问卷调查中，课题组对比第一次问卷的结果，肯定了研究方向的正确性，总结并完善了"有效分享"课堂教学的策略。

（2）课题组对"有效分享"教学策略的研究思路更加明晰。结合当前小学数学学习过程中的主要问题，课题组成员一致认为"小学数学分享式教学中'有效分享'的策略研究"很有研究价值。课题组通过运用"有效分享"教学策略，使得学生在"乐分享、善分享"方面或多或少都有所提高，同时使得教师感受到教学的"轻松"。

（3）课题组成员科研能力和意识都有所提高。在研究初期，教师每人购买了一本关于"有效分享"课题研究方面的图书，并认真进行自我研修。

课题组通过交流软件对实时发生的问题展开讨论以及查阅资料、同伴互助、专家示范引领、每位参研者至少一次的教学研讨等活动，促使课题组成员在科研能力和课堂教学能力大幅度提升。

3. 相关方面的成果评价

在研究过程中，课题组将研究成果以课例的形式在全区范围和"名校+"范围内分别进行了展示；在研究的过程中开展了送教下乡、主持人示范课、参研人员公开课等各类"教学研讨""课题中期总结"等活动，得到与会领导和教师的好评。

二、研究工作报告

1. 开展"有效分享"教学策略的实践探究，有效促进了数学课堂的教学改革

本课题紧密结合教学中出现的现实问题展开，紧扣教师的"教"和学生的"学"，得到了广大教师和学生的支持，切实解决了一些教改中出现的盲点，通过汇报课和专题报告的展示，已经得到了本区和周边区县教师的认可。

2. 开展课题研究，极大促进了教师综合素质的提高

本课题研究依托"陕西省刘霞名师工作室"展开，在一年的研究过程中，参研人员都能在"实践—反思—再实践—再反思"的过程中实现个人的"打破与重组"，并通过相互讨论、专家引领、自我研修的过程实现个人在科研（理论）、教学（实践）方面的"双提升"。

3. 在课题研究过程中，实现了教育均衡、资源共享

本课题参研人员分别来自陕西省的不同学校，这些学校有城区、有乡镇，也有以随迁儿童为主的城乡结合学校，这些学校的师资力量、教育资源存在着极大差异，参研人员在中间发挥了"纽带"的作用，以自己这个小"点"，带动整个学校大"面"，实现了教育的基本均衡。在专家引领环节，参研人员所在学校的教师都能参与到活动中来，实现了整个区域教师的共同提升。

三、研究任务完成情况等

1. 教师的综合素质有待进一步提高

"有效分享"教学策略的实施，需要教师有极强的课堂驾驭能力，有对教材的开发利用及大胆地对学生已有知识经验的打破重组的能力，这些都需要教师在自身综合素质方面进一步提升，需要教师在日常教学过程中边实践、边科研，并将科研变成一种自觉行为，将自己的专业化不断深化。

2. 研究目标达成情况的量化比较困难

除了用文字表述学生的一些转变，以课堂实录的形式展示学生在课堂上的表现之外，科学量化学生对于数学的学习是否"有效分享"，是检验课题成果的一个重要环节，但是因为"有效分享"对于教师和学生来说都是一个相对比较漫长的过程，在这个过程中，如何进行量化较为困难。

3. 因研究时间短，一些遗憾在所难免

受时间和精力的限制，本课题的研究范围应该更加广泛。本课题旨在改变教师的"教"和学生的"学"的方式，研究中还有一些盲区没有涉及。

4. 研究成果需要进一步推广、应用并改进

本课题的研究成果虽然在本参研人员学校进行了实验推广，也得到了教师的认可，但是，范围还较窄，希望在得到专家领导的指导之后，得到上级部门的实验推广，以期使更多的教师和学生受益。

四、研究成果报告

（一）核心素养理念下"有效分享"在小学数学教学中的有效运用与发展

1. 培养学生的思考能力及表达能力

（1）培养数学思考能力——在数学课上，学生能静下心来思考问题，从而提出一个问题，这比解决一个问题更为重要。

数学思考能力是最核心、最根本的学习能力，它直接决定着学生学习的水平和质量。在数学学习中，数学思考能力主要表现为问题意识，包括发现问题、提出问题、分析问题、解决问题的能力。张楚廷教授在其《大学里，什

么是一堂好课》一文中强调指出："能够带上满口袋问题走进课堂的课，算好课；能够在课堂上唤起学生发问、提问的课，算更好的课；能够唤起学生提问，居然被学生的问题问倒了（教师一时答不出来了）的课，算是最好的课。"为此，不难看出，让学生思考着的数学才是真正的数学，也才能将数学核心素养落地生根。

（2）"乐分享、善分享"——在数学课上，学生将思考过的问题通过语言表达出来，更是思维的一种升华。

何谓分享？所谓"分享"，是指把自己内化了的知识赋予能够传递给他人的形式来加以表现的过程，或是由于外化而得以表现的内容。首先，分享意味着学生有自己的想法、观点或思想、感情（由阅读和思考等活动产生的知识）；其次，分享意味着学生能够比较准确、清晰地用自己的语言将其表达给他人；最后，分享意味着有人乐于倾听、互动和反馈（赞扬、补充、纠正等），在此过程中形成二次分享，使得分享更为有效。也就是说，分享是用自己的语言说出对问题的认识，唤起他人的共鸣或者反驳，从而使得分享更为有效，使数学课堂处处生长知识。这就实现了从理解到创新的一次飞跃。

在数学教学中，学生常常是听得懂，但就是不乐于用自己的语言分享给别人，或者说根本张不开嘴，这说明学生没有真正理解，没有想透彻。教师一定要鼓励学生大胆表达，学生只有敢于表达才能促进自己独立思考并把书本的知识转化为自己的知识，才能暴露在理解过程中的认知错误且能快速在同伴互助中得以纠正。

2. 创设民主氛围，达成"师学会退、生努力进"的良好格局。

学生是课堂教学的主体，教师的教学最重要的是"授之以渔"，教给学生独立和生存的能力应成为所有教师的职业追求。现阶段，无论是教师的角色定位，还是其核心素养和工作方式，都呈现出一系列新动向。教师由传统课堂教学中的主宰者，转变为课堂教学活动中的组织者、设计者、指导者与参与者。

学习的目标是学以致用。因此，作为教师，确实有必要转变一下自己的角色地位，顺应课程改革的需求，把放飞心灵的空间和时间留给学生，营造宽松自由的学习氛围，在这种轻松的氛围里真正地引导学生积极、主动地学习。这样一来，学生有了与教师平等对话的机会，变得越来越大胆，在课堂上踊跃发言，积极地表现自我。

3. 人人有进步，让每个学生在原有基础上都能有所提高

习近平主席在联合国"教育第一"全球倡议行动一周年纪念活动上发表了视频贺词，指出："……努力让每个孩子享有受教育的机会，努力让13亿人民享有更好更公平的教育，获得发展自身、奉献社会、造福人民的能力。"（出自人民网《习近平：努力让13亿人民享有更好更公平的教育》）

我们现在的教育不是精英教育，而是大众教育，不能让"乐分享者"成为学优生及善于表现的学生的舞台，我们要让每个学生在自己的课堂上都能获得成长，都能在数学上得到良好的发展，使每个学生都有不同程度的提升，在团队中共同进步。另外，教师应该允许学生的缺点存在，努力做到因材施教，应该允许学生奇思妙想并帮助各类学生发展。教师只做学生成长的引路人，做好导向工作，而不是剥夺学生"说"的权利。教师应该多一些爱心、耐心，多一些对"希望生"的理解与关怀。

（二）"有效分享"在小学数学教学中有效运用的培养策略

在国内，关于课堂上进行分享的研究已有一些积极的探索。但大部分研究在"有效分享"的层次还存在一定的研究差异。

课堂练习"有效分享"的作用不能局限于组织教学，否则不能体现出"乐分享者"的价值；也不是台上、组内的"乐分享者"讲得非常投入，而台下、组内的其他同学更多的是陪衬，"乐分享"成了学优生的表演平台。"乐分享者"的培养既不能一蹴而就，也不可能临时训练就可得，需要经过一个过程，要有合理的培养策略。结合我们课题开展情况，本课题组实验并总结出以下培养策略。

策略一："有效分享"需"激发兴趣，乐分享"

1. 乐分享要善于动口

教师要适时调控自己的教学思路，要让学生开口大胆地说出自己的想法，乐于跟其他人分享，就得要有一个好的开课。

课前，教师让学生通过预习把重点地方画上横线，看不懂的地方标上"？"。课始，教师就提出的问题，生生、师生进行研究、分享。有些知识，学生通过预习就掌握了，有了成功的喜悦，异常兴奋，同时锻炼了学生的口语表达能力。课中，在课前没弄懂的知识点，学生带着问题，边听边分享边思考，学起来轻松、快乐，这样调动了学生学习的积极性和主动性。

这样的设置让学生真正成为学习的主体，精彩的争辩中激荡着他们活跃的思维。课堂学习就应该是一个生生、师生分享与互相质疑和争论的过程，在此过程中，你能听到学生发自内心的声音，体会到学生成长拔节的美妙。

2. 乐分享要勤于动手

根据心理学家的研究，儿童的认知结构类似于一个倒置的圆锥形的螺旋图，它表明认识的螺旋是开放性的，其开口越来越大，意味着儿童的认知发展过程是一个连续不断的认识建构过程，即由一个平衡状态逐步向另一个更高的平衡状态发展。毫无疑问，这个认识螺旋图中布满很多的结点，这些结点就是认知的生长点，它起着承上启下、构筑儿童知识大厦的基础作用。当这些结点正在生长时让学生实施动手操作，手脑并用，就能收到事半功倍的效果。

例如，长方形、正方形的周长教学，让学生在"撕"中总结、分享公式。为了更好地体现学生的探究精神，教师提前做了很多大小不同、形状各异的长方形和正方形。课伊始，教师把准备好的图形发给学生，他们面面相觑，为什么今天老师发的图片不一样呢？有人提出了质疑。

师：我们上节课学习了周长的定义，谁来说说什么是周长？

生：封闭图形一周的长度叫作它的周长。

师：每人手中都有一个图形，先求出你的这个图形面的周长。

师：要想知道这个面的周长有多少厘米，应该知道什么？

生1：知道4条边的长。

生2：不用，知道邻边就可以了，其他两条边跟它们相等。

师：请大家试着算一算你拿到的图形的周长。

学生自己操作计算。

分享汇报结果时发现学生的脑洞大开。

生1：用长乘2加上宽乘2。

生2：将四条边加在一起。

生3：长加宽的和乘2。

为了让大家很好地体会长加宽的和乘2这种方法，教师让大家把手中的长方形沿着对角线撕开，让学生说一说发现了什么。这是为了以后知道长方形的周长求长或者宽做准备。

……

虽然这节课没有采用多媒体教学，将数学课堂回归到了原来的样子，但是学生学得开心，教师教得轻松，最主要的是在整个的动手过程中，学生体会到了数学知识在"动手""分享"中轻松掌握，"撕"也能学习数学。

3. 乐分享旨在让思维真正发生

《数与形》是人教版六年级下册内容，通过发现"形"中"数"的规律，借"形"解决"数"中的问题，需要学生具有一定的逻辑推理及归纳的能力。课始，教师出示了两道练习：①小猴从树上摘桃子的情景图，让学生从"形"中发现数学问题；②借助"形"，使抽象的问题变得直观、简单。这样的目标使学生初步体会"数"与"形"相互依存的关系，引出本节课的知识。在学习例1时，教师依次出示了大小不同的4个正方形，让学生先观察，再说一说发现了什么。这个问题的设计非常恰当，既突出了本节课的重点，又让学生没有距离感，还有一定的开放性，因此学生能从不同的角度观察图形中的规律，再让学生思考并用式子表示出规律，完成学习目标。教师只有从学生实际需要出发，调动学生学习的积极性，让他们在学习的过程中动脑思考，才能让课堂闪烁出智慧的火花。

现代教学论强调："要让学生动手做科学，而不是用耳朵听科学。"因此，在课堂教学中，教师要有意识地为学生创设动手操作的情境，这是非常必要的。教师除了在课上要细心引导学生之外，课下也要给学生适时地布置一些"课外作业"，组织学生开展实践活动。例如，学习了数数，教师给学生布置"整理书包""整理衣柜"等任务；在学了加法后，教师给学生布置"统计家里一天的收入和支出"和"统计妈妈一天买菜用去多钱"等任务。通过这些实践活动中的分享，调动了学生的积极性，提高了学生运用数学知识解决实际问题的能力。

在小学数学课堂教学中，教师要充分发挥学生的主体作用，努力营造和谐的学习氛围，积极为学生创设条件，让他们真正参与知识发生、发展的过程，引导学生通过自主探索来发现、创造、分享数学，使课堂教学真正成为学生探索、创新的摇篮。

学生一次次精彩的"唇枪舌战"、种种独特的想法、一个个忙碌的身影、一只只如雨后春笋般举起的小手，无不令人兴奋。学生富有个性的奇思异想、闪烁智慧火花的方法、激荡活跃思维的争辩和那坚持不懈的探究热情，都表明着他们在分享中拔节成长！

策略二："有效分享"需"找准内容，善分享"

图形与几何是义务教育阶段学生数学学习的重要领域，学生通过观察现实世界，积累思考经验，分享感悟，逐步形成空间观念。

1. 分享所见

小学数学学习从本质上来讲是一种团体活动，活动的过程需要学生们分享所见，而分享所见是分享式教学方法的重要表现形式。数学教学需要教师和学生互动式的体验，这种体验既来自课堂的讲解，也来自教师的演示。空间观念的培养不能仅仅靠课堂讲解和演示来实现，而要结合多样的教学方式来实现，小学生的空间观念来自现实生活，因此教师运用分享感悟的方法能够让小学生联系现实生活中的具体物象对课堂上的数学内容进行紧密联系。这种方法对于学生空间观念的培养是可行的。

例如，在一年级小学生学习《认识图形》的过程中，教师可以让家长带着学生到公园，让学生观察树的形状、公园长椅的形状等，课堂上要求学生分享他们看到的公园内物品的形状，这样学生就能从公园看到的图形过渡到对图形课程的认识，从而在提升他们数学学习能力的同时，也提升了他们的空间观念。

2. 分享生活

数学与生活的关系是十分紧密的，这决定了培养学生的空间观念需要与学生的现实生活经验相结合。生活中的所见所闻是学生学习数学的思维来源，因此小学教师在教学中可以让学生分享生活中的故事，让学生把数学知识与生活中的所见所闻进行关联，从而起到培养学生空间观念的作用。

在教学《认识图形》时，教师可以利用学生平常买东西的经验，让学生认识图形的样子。比如，苹果的图形与巧克力包装袋的图形是不一样的，这种差异就需要学生通过掌握图形与几何的知识来识别；玩具，尤其是积木也可以通过做游戏来识别图形。结合生活经验，小学生能够迅速地认识图形的样子。小学生生活中的很多活动都是需要通过图形的辨识来实现的，因此教师在教学中运用分享生活的方式能够把教学内容拓展到生活空间中来，密切联系小学生的生活经验，是非常有助于提升小学生空间观念的。

3. 分享实操

很多学者针对空间观念的培养提出了有效的策略，很多策略都将空间观念的形成当成长时间积累转化的过程。这种积累转化形成的空间观念是建立在实操的基础上的。任何知识点的学习都需要有实操的过程。实操需要学生的所有感官协同来进行知识的学习，这样对于知识的融入就有了有效的方法，能够让学生在分享实操的基础上形成一定的空间观念。因此，在小学数学教学过程中，数学教师需要引导学生分享他们的实操活动。

例如，在教学《图形与位置》一课时，教师可以让学生分享他们用过的指南针，让学生现场分享如何用指南针来指示方位，这样学生就对方位的概念有了直观的认识，再结合课本中的图形，就能迅速掌握图形与位置这节课的内容了。同时，教师利用这种方式间接地培养了学生的空间观念。

4. 分享想象

空间观念的形成在一定程度上是建立在丰富的想象力上的。空间观念的培养需要通过激发学生的想象力来达到目标。在小学数学教学中，教师要引导学生分享他们想象的事物，当然这种想象力发挥的主题要限定在教学目标之中。

例如，在教学《长方体的认识》的过程中，教师在检查学生掌握长方体的特征的情况之后，需要展示出一实物长方体，这个长方体通常要用三视图。教师可以向学生提出这样的问题："这个三视图长方体去掉一条长，想象一下这个长方体的样子？""去掉一条宽，想象一下长方体的样子？""去掉一条棱，再想象一下这个长方体的样子？并将这个长方体画出来。"教师通过让学生想象长方体变化的样子来激发学生的空间感，这样有利于学生主动地认识长方体形态变化的样子，培养学生的空间观念。

5. 分享作品

在分享式教学与培养学生空间观念的融合中，教师要引导学生分享自己的空间观念作品，这种情况下学生不仅要听课，还要将课上的内容画下来，让全身的感官都可以融入空间感。

例如，在学习《图形与转换》时，学生要认识基本的平面图形。对于图形的学习，教师的讲解并不能够让学生形成完整的记忆，这时候教师就可以让学生通过动手画平面图形的方法，结合教学内容，对平面图形进行图形转换，在纸上将长方形转换为其他图形。同样正方形也可以通过折叠、翻转转换为其他图形，教师让学生在转换完图形后分享自己的作品，这样就从运用的角度达到了培养学生空间观念的目标。

策略三："有效分享"需"明确要求，有训练"

明确要求，即学生先要听清楚，再想明白，最后能说清楚。每一个环节都有明确的要求，通过不断训练，逐步提高学生"分享"的有效性。

策略四："有效分享"需"建立规则，有秩序"

教师要实现"有效分享"需建立以下规则、秩序：

（1）分享要形成一定的语言规范。

（2）小组内分享，分工明确。

（3）建立全班分享的规则，让"分享"在规则中实现高效。

（三）"有效分享"凸显课程实效

1. 课堂悄无声息的变化

在课堂练习实施"有效分享"策略以后，我们的教师、家长和学生都发生了巨大的变化：我们的课堂活跃了、精彩了、有效了；从理念到内涵逐步地从"讲堂"走向"学堂"，从"接受"走向"探究"，从"单一"走向"综合"，从"统一"走向"多样"……教师驾驭课堂的能力也逐渐增强，主导作用越来越恰到好处，课堂效率尤其是学习效率真正提高了；学生都能积极参与课堂学习的过程，敢想、敢说、敢做、敢问、敢评、敢教，从容、自信，真正成了课堂的主人。

现在在我们的课堂上，学生的文字、语言表达能力普遍增强，学生的形象思维、抽象思维、发散思维、批判思维等多种思维能力得到普遍发展，学生的自学能力、探究能力、评价能力、分析问题能力、解决问题能力以及数学素养的各个方面都有了大幅度的提升。

学生慢慢学会了与人合作、善于思考、敢于质疑、勇于创新、乐于展示。

2. 教师心甘情愿地改变

我们的教师做到了九大转变：由"权威"向"非权威"转变，由"指导者"向"促进者"转变，由"导师"向"学友"转变，由"灵魂工程师"向"精神教练"转变，由"信息源"向"信息平台"转变，由"一桶水"向"生生不息的奔河"转变，由"挑战者"向"应战者"转变，由"统治者"向"平等的首席"转变，由"园丁"向"人生的引路人"转变。

3. 学生润物细无声地成长

学生的学习状态发生了变化——脸上的笑容多了，性格开朗自信了，思维更有角度了。学生的学习状态由被动变为主动、由旁观者变为参与者、由闭嘴到善于分享、由顺其自然到我有想法。学生的思维活跃了，课堂上能听到学生拔节成长的声音。

《小学数学分享式教学中"有效分享"的策略研究》
课题调查问卷

分享式教学教师调查问卷（前期）

本次活动是针对课题"小学数学分享式教学中'有效分享'的策略研究"做的一次调查，为课题的实施及改进提供依据，请您抽出宝贵的时间如实填写。本次调查为无记名调查。

第1题：您的教龄在（　　　）。

A. 5年以内

B. 6~10年

C. 10~20年

D. 20年以上

第2题（单选题）：您认为教师的教学方式对学生的学习方式及能力有影响吗？（　　　）

A. 影响很大

B. 有一定影响

C. 没有影响

D. 无所谓影响不影响

第3题（单选题）：讲新课前您要求学生预习吗？您对学生指导过预习方法吗？（　　　）

A. 要求；经常指导

B. 要求；偶尔指导

C. 要求；不指导

D. 不要求；不指导

第4题（单选题）：您在课堂中一般给学生独立思考的时间是多少？（　　　）

A. 10分钟左右

B. 5分钟左右

C. 1~2分钟

D. 没有独立思考时间

第5题（单选题）：您在课堂上一般让学生开展交流讨论的时间是多少？（　　　）

A. 10分钟及以上

B. 5~9分钟

C. 5分钟以下

D. 不讨论，没时间

第6题（单选题）：您在课堂中让学生及时巩固练习的时间是多少？（　　　）

A. 10分钟及以上

B. 5~9分钟

C. 5分钟以下

D. 不练习，没时间，课后练习

第7题（单选题）：您喜欢学生在课堂上提出质疑吗？（　　　）

A. 喜欢，能让课堂更具有思维性

B. 偶尔，根据不同问题采用不同的方法

C. 想用，但是不知道用在哪里

D. 不喜欢，不用

第8题（单选题）：您认为小学课堂应该（　　　）。

A. 以知识传授为主

B. 以提高学习能力、培养兴趣为主

C. 知识传授与能力培养相结合

D. 以知识学习、习惯养成为主

第9题（单选题）：您在运用分享式教学引领课堂教学方面（　　　）。

A. 一直坚持运用

B. 公开课运用

C. 不用

D. 不知道还有分享式教学

第10题（单选题）：根据实践情况，您认为运用分享式教学在提升自己的教学能力方面的作用（　　　）。

A. 非常明显

B. 有一定效果

C. 看不出效果

D. 不知道，没有尝试过

第11题（单选题）：在运用分享式教学模式后，课堂教学质量的提升方面表现为（　　　）。

A. 有很大提升

B. 有一些提高

C. 效果不是很明显

D. 没有使用过

第12题（单选题）：您认为制约分享式教学推进实施的主要因素是
（　　　）。

A. 学校的推行力度

B. 教师的认可程度

C. 教师自身的学科素养或经验

D. 别人的带动

分享式教学教师调查问卷（后期）

敬爱的教师：

我们的课题《小学数学分享式教学中"有效分享"的策略研究》已经进行
一年时间了，通过这一年来的相互交流、学习，相信大家对于分享式教学已经
有了自己的一些经验，也看到了一些转变，下面就实施情况进行统计，请您抽
出宝贵的时间如实填写。本次调查为无记名调查。

第1题：您的教龄在（　　　）。

A. 5年以内

B. 6~10年

C. 10~20年

D. 20年以上

第2题（单选题）：通过一年的研究，您认为教师的教学方式对学生的学习
方式及能力有影响吗？（　　　）

A. 影响很大

B. 有一定影响

C. 没有影响

D. 无所谓影响不影响

第3题（单选题）：讲新课前您要求学生预习吗？您对学生指导过预习方法吗？（　　　）

A. 要求；经常指导

B. 要求；偶尔指导

C. 要求；不指导

D. 不要求；不指导

第4题（单选题）：您在课堂中一般给学生独立思考的时间是多少？（　　　）

A. 10分钟左右

B. 5分钟左右

C. 1~2分钟

D. 没有独立思考时间

第5题（单选题）：您在课堂上一般让学生开展交流讨论的时间是多少？（　　　）

A. 10分钟及以上

B. 5—9分钟

C. 5分钟以下

D. 不讨论，没时间

第6题（单选题）：您在课堂中让学生及时巩固练习的时间是多少？（　　　）

A. 10分钟及以上

B. 5~9分钟

C. 5分钟以下

D. 不练习，没时间，课后练习

第7题（单选题）：您喜欢学生在课堂上提出质疑吗？（　　　）

A. 喜欢，能让课堂更具有思维性

B. 偶尔，根据不同问题采用不同方法

C. 想用，但是不知道用在哪里

D. 不喜欢，不用

第8题（单选题）：您认为小学课堂应该（　　　）。

A. 以知识传授为主

B. 以提高学习能力、培养兴趣为主

C. 知识传授与能力培养相结合

D. 知识学习、习惯养成为主

第9题（单选题）：您在运用分享式教学引领课堂教学方面（　　　）。

A. 一直坚持运用

B. 公开课运用

C. 不用

第10题（单选题）：根据实践情况，您认为运用分享式教学在提升自己的教学能力方面的作用（　　　）。

A. 非常明显

B. 有一定效果

C. 看不出效果

第11题（单选题）：在运用分享式教学模式后，课堂教学质量的提升方面表现为（　　　）。

A. 有很大提升

B. 有一些提高

C. 效果不是很明显

第12题（单选题）：您认为制约分享式教学推进实施主要因素是（　　　）。

A. 学校的推行力度

B. 教师的认可程度

C. 教师自身的学科素养或经验

D. 课题推动

小学数学分享式教学调查问卷（学生卷Ⅰ）

亲爱的同学们：

你们好！为了帮助你们养成良好的做题习惯，培养缜密的数学思维，提高数学成绩，特制定了这份问卷，以便教师在了解你们学习习惯的同时改进教学。问卷内容将作为教师改进工作的依据，不会影响教师对你们的评价。请你们如实填写问卷。（在括号内填入满意的选项）

1. 在数学课上，你喜欢的学习方式是？（可以多选）（　　　　）

A. 听老师讲解

B. 先自己想，不懂的再听老师讲

C. 自己操作学具或画图

D. 自己独立思考

E. 在小组与同学们讨论

2. 在课堂上，你与同学们分享自己想法的情况是（　　　　）。

A. 经常

B. 偶尔

C. 从不

3. 在课堂上，你分享自己想法的状态是（　　　　）。

A. 清楚表达

B. 偶尔清楚表达

C. 不能清楚表达

4. 在学习过程中，遇到不懂的问题，你是怎样做的？（　　　　）

A. 独立思考，运用已经学过的知识解决问题

B. 从书中找答案

C. 问老师或同学

D. 什么也没做，等现成的答案

5. 你喜欢以怎样的形式和大家分享？（　　）

A. 同桌好友分享

B. 小组内分享

C. 全班分享

6. 当别人在分享时，你自己会怎么做？（　　）

A. 认真倾听、思考并与自己的想法对照

B. 对感兴趣的认真听

C. 觉得跟自己没关系，不听

7. 你与同学之间的学习交流情况是（　　）。

A. 不与其他同学探讨学习方面的问题

B. 同学经常帮助自己的学习

C. 经常与其他同学探讨学习心得

D. 经常帮助其他同学

E. 相互帮助启发

8. 你善于发现问题，并能发表自己的不同见解吗？（　　）

A. 经常能

B. 偶尔能

C. 不能

9. 你在分享自己的观点时，希望别人是什么样的？（可以多选）（　　）

A. 只要安静认真听，尊重我就可以

B. 听后能提出质疑

C. 听后能补充、完善我的观点

D. 听后能提出建议

E. 能够理解、认同、欣赏我的观点

10. 你在分享前都做了哪些准备？（可以多选）（　　）

A. 把自己的想法想清楚

B. 思考怎样讲别人能明白

C. 熟悉问题，分析条件

D. 调整好心态

小学数学分享式教学调查问卷（学生卷Ⅱ）

亲爱的同学们：

你们好！为了了解在分享式教学中你们的学习状况，特制定了这份问卷，以便教师改进教学。问卷内容将作为教师改进工作的依据，不会影响教师对你们的评价。请你们如实填写问卷。（在括号内填入满意的选项）

1. 你喜欢通过分享式教学进行数学学习吗？（　　　）

A. 喜欢，收获很大

B. 不喜欢

C. 无所谓，不好也不坏

2. 在分享式教学的课堂上，你愿意把自己的意见跟同学们分享吗？
（　　　）

A. 经常

B. 偶尔

C. 从不

3. 经过一段时间的分享式教学，你能把自己的想法清楚地跟同学分享吗？
（　　　）

A. 经常

B. 偶尔

C. 不能

4. 在学习过程中，遇到不懂的问题，你会怎样做？（　　　）

A. 运用已经学过的知识解决问题

B. 从书中找答案

C. 与同学交流

D. 什么也没做，等现成的答案

5.你喜欢以怎样的形式和大家分享？（　　　）

A.同桌好友分享

B.小组内分享

C.全班分享

6.当别人在分享时，你自己会怎么做？（　　　）

A.认真倾听

B.对感兴趣的认真听

C.跟我没关系，不听

7.你敢于向权威挑战，发表自己的不同见解吗？（　　　）

A.经常能

B.偶尔能

C.不能

8.在学习过程中，你能提出自己的问题吗？（　　　）

A.经常

B.偶尔

C.不能

9.当别人在分享时，你会如何评价？（可以多选）（　　　）

A.我有表扬

B.我有疑问

C.我有补充

D.我有提示

E.我有反思

10.你认为哪些问题适合分享？

_____

_____

_____

_____

小学数学分享式教学调查问卷（家长卷 I ）

家长朋友：

你们好！本调查问卷旨在对小学数学分享式教学开展一次调查，不记名，也不会对你们造成任何伤害，请您如实填写。谢谢合作！

1. 您认为您的孩子现阶段对数学学习的状态是（　　　　）。

A. 好

B. 较好

C. 一般

D. 差

2. 您的孩子是如何完成数学家庭作业的？（　　　）

A. 动脑自主完成

B. 需要家长辅导

C. 完全依赖家长

3. 遇到不会做的数学题目孩子会采取什么措施？（　　　）

A. 自己思考，直到完成

B. 先思考，不会做的再求助家长

C. 粗略思考一下就求助家长

D. 完全不思考，只求助家长

E. 找小伙伴一起讨论完成

4. 孩子在家是否与您分享学校数学课上学习的知识？（　　　）

A. 经常说

B. 偶尔会说

C. 从来不说

5. 您经常在什么时候与子女交流数学问题？（　　　）（第4小题选C选项可以忽略本题）

　　A. 周末接回家到晚上睡觉前

B. 老师反映情况后打电话

C. 随意的，想到就说

D. 太忙，根本没空

6. 孩子与您分享数学老师的讲课情况及数学课堂上发生的事情时，您的态度是（　　　）。（第4小题选C选项可以忽略本题）

A. 不愿意听

B. 耐心听，细致问

C. 听听就不耐烦

7. 孩子与您分享数学学习情况，您觉得对孩子学习数学知识（　　　）。（第4小题选C选项可以忽略本题）

A. 帮助很大

B. 有一定帮助

C. 没有太大帮助

8. 您认为怎样培养孩子"善分享·乐分享·分享有效"的学习习惯?

小学数学分享式教学调查问卷（家长卷Ⅱ）

家长朋友：

你们好！经过一年多的分享式教学，老师和学生都有一些变化，本调查问卷旨在对小学数学分享式教学开展情况进行调查，不记名，也不会对你们造成任何伤害，请您如实填写。谢谢合作！

1. 您认为您的孩子现阶段对数学学习的状态是（　　　）。

A. 好

B. 较好

C. 一般

D. 差

2. 您的孩子是如何完成数学家庭作业的？（　　　）

A. 动脑自主完成

B. 需要家长辅导

C. 完全依赖家长

3. 遇到不会做的数学题目您的孩子会采取什么措施？（　　）

A. 自己思考，直到完成

B. 先思考，不会做的再求助家长

C. 粗略思考一下就求助家长

D. 完全不思考，只求助家长

E. 找小伙伴一起讨论完成

4. 孩子在家是否与您分享学校数学课上学习的知识？（　　　）

A. 经常说

B. 偶尔会说

C. 从来不说

5. 您经常在什么时候与子女交流数学问题？（　　　）（第4小题选C选项可以忽略本题）

A. 周末接回家到晚上睡觉前

B. 老师反映情况后打电话

C. 随意的，想到就说

D. 太忙，根本没空

6. 孩子与您分享数学老师的讲课情况及数学课堂上发生的事情时，您的态度是（　　　）。（第4小题选C选项可以忽略本题）

A. 不愿意听

B. 耐心听，细致问

C. 听听就不耐烦

7. 孩子与您分享数学学习情况，您觉得对孩子学习数学知识（　　　）。（第4小题选C选项可以忽略本题）

A. 帮助很大

B. 有一点帮助

C. 没有太大帮助

8. 在分享式教学中，您认为教师哪些做法对于孩子"有效分享"有比较大的帮助？您对培养孩子"善分享·乐分享·分享有效"的学习习惯有哪些更好的建议？

《小学数学分享式教学中"有效分享"的策略研究》课题调查问卷分析报告

表5-2　小学数学分享式教学调查问卷（学生卷Ⅰ）汇总

题号	问题		人数	所占比例（%）
1	在数学课上，你喜欢的学习方式是	A	270	45
		B	276	46
		C	180	30
		D	150	25
		E	300	50
2	在课堂上，你与同学们分享自己想法的情况是	A	264	44
		B	288	48
		C	48	8
3	在课堂上，你分享自己想法的状态是	A	240	40
		B	120	20
		C	240	40
4	在学习过程中，遇到不懂的问题，你是怎样做的	A	360	60
		B	78	13
		C	162	27
		D	0	0

续 表

题号	问题		人数	所占比例（%）
5	你喜欢以怎样的形式和大家分享	A	252	42
		B	198	33
		C	150	25
6	当别人在分享时，你自己会怎么做	A	462	77
		B	120	20
		C	18	3
7	你与同学之间的学习交流情况是	A	72	12
		B	102	17
		C	150	25
		D	120	20
		E	156	26
8	你善于发现问题，并能发表自己的不同见解吗	A	330	55
		B	252	42
		C	18	3
9	你在分享自己的观点时，希望别人是什么样的（可以多选）	A	282	47
		B	216	36
		C	348	58
		D	276	46
		E	168	28
10	你在分享前都做了哪些准备（可以多选）	A	348	58
		B	318	53
		C	360	60
		D	240	40

表5-3　小学数学分享式教学调查问卷（学生卷Ⅱ）汇总

题号	问题		人数（人）	所占比例（%）
1	你喜欢分享式教学进行数学学习吗	A	504	84
		B	36	6
		C	60	10

续　表

题号	问题		人数（人）	所占比例（％）
2	在分享式教学的课堂上，你愿意把自己的意见跟同学们分享吗	A	348	58
		B	210	35
		C	42	7
3	经过一段时间的分享式教学，你能把自己的想法清楚地跟同学分享吗	A	372	62
		B	131	31
		C	42	7
4	在学习过程中，遇到不懂的问题，你会怎样做	A	306	51
		B	108	18
		C	156	26
		D	30	5
5	你喜欢以怎样的形式和大家分享	A	252	42
		B	156	26
		C	192	32
6	当别人在分享时，你自己会怎么做	A	372	62
		B	66	11
		C	162	27
7	你敢于向权威挑战，发表自己的不同见解吗	A	288	48
		B	216	36
		C	96	16
8	在学习过程中，你能提出自己的问题吗	A	324	54
		B	234	39
		C	42	7
9	当别人在分享时，你会如何评价（可以多选）	A	426	71
		B	342	57
		C	384	64
		D	198	33
		E	156	26

表5-4　小学数学分享式教学调查问卷（家长卷Ⅰ）汇总

题号	问题		人数（人）	所占比例（%）
1	您认为您的孩子现阶段对数学学习的状态是	A	12	2
		B	540	90
		C	30	5
		D	18	3
2	您的孩子是如何完成数学家庭作业的	A	570	95
		B	24	4
		C	6	1
3	遇到不会做的数学题目孩子会采取什么措施	A	180	30
		B	240	40
		C	120	20
		D	30	5
		E	30	5
4	孩子在家是否与您分享学校数学课上学习的知识	A	270	45
		B	300	50
		C	30	5
5	您经常在什么时候与子女交流数学问题	A	240	40
		B	90	15
		C	270	45
		D	0	0
6	孩子与您分享数学老师的讲课情况及数学课堂上发生的事情时，您的态度是	A	240	40
		B	300	50
		C	60	10

表5-5 小学数学分享式教学调查问卷（家长卷Ⅱ）汇总

题号	问题		人数（人）	所占比例（%）
1	您认为您的孩子现阶段对数学学习的状态是	A	12	2
		B	540	90
		C	30	5
		D	18	3
2	您的孩子是如何完成数学家庭作业的	A	576	96
		B	18	3
		C	6	1
3	遇到不会做的数学题目您的孩子会采取什么措施	A	240	40
		B	180	30
		C	120	20
		D	12	2
		E	48	8
4	孩子在家是否与您分享学校数学课上学习的知识	A	390	65
		B	300	50
		C	30	5
5	您经常在什么时候与子女交流数学问题	A	240	40
		B	90	15
		C	270	45
		D	0	0
6	孩子与您分享数学老师的讲课情况及数学课堂上发生的事情，您的态度是	A	240	40
		B	300	50
		C	60	10

根据《小学数学分享式教学中"有效分享"的策略研究》课题内容，课题组在两所学校进行了问卷调查。问卷情况收集汇总分析如下。

一、调查的对象

这次调查在两所学校中共抽查600名学生、家长，涉及1~6年级。学生、家长由教师随机抽取，在一定时间内完成。调查问卷共回收600份。

二、调查问卷的内容

问卷采用无记名方式，学生、家长分别做了两次问卷调查（分别在课题开始研究阶段和课题结题阶段）。问卷的内容主要有关于学生学习方式的调查、学生及家长对分享式教学的认识、学生质疑意识等。题型设置主要以单选题为主，个别为多选题。

三、问卷的汇总

（一）学生问卷情况

（1）最受学生喜欢的学习方式是小组讨论，45%的学生喜欢的教学方式是听教师讲解，其次才是自己操作学具或画图。

（2）48%的学生会偶尔和同学分享自己的想法。学生最喜欢的分享形式是同桌好友分享。

（3）55%的学生觉得自己善于发现问题；在解决不会的问题时有27%的同学喜欢问同学或教师；60%的学生喜欢独立思考，运用学过的知识自己解决。

（4）84%的学生认可数学的分享式教学，认为自己收获很大。

（5）在经过一段时间的分享式学习后，58%的学生能经常和同学分享，62%的学生在和同学分享时能表达清楚。

（6）在别人分享时，62%的学生能做到认真倾听；48%的学生敢于向权威挑战，发表自己的不同见解；26%的学生在别人分享后会结合自己的想法进行反思。

（二）家长问卷情况

（1）90%的家长认为自己的孩子现阶段对数学的学习状态良好。

（2）95%的家长觉得自己的孩子能动脑自主完成数学家庭作业。

（3）第一次问卷中45%的家长说孩子在家经常分享数学课堂内容，第二次问卷中65%的家长说孩子在家经常分享数学课堂内容。

四、问卷分析

（1）从学生问卷的情况来看，其实每个学生内心都有一种被肯定、被关注的期望，他们更喜欢轻松的课堂交流模式，所以，分享式的教学模式更受学生喜爱；而对家长来说，可能更看重学生的分数，所以，学校更应做好家长的工作，通过一段时间孩子的表现对比，帮助家长更新理念，使他们真正从内心接受分享式教学模式，对教师布置的需要家长配合的实践作业积极完成。

（2）从问卷中可以看出，学生都有分享的欲望，但是表达不够流畅、清晰，所以在后期"有效分享"的研究中要关注学生语言表达能力的培养。

（3）大部分学生基本能做到在同学分享时认真倾听，但是能结合自己想法及时反思的学生不多。所以，课题组后期在"有效分享"的课题研究中要通过制定一定的规则，促进同学之间的积极质疑和个人反思。

《小学数学分享式教学中"有效分享"的策略研究》课题教师调查问卷分析报告

调查目标：通过一年来的相互交流、学习，教师对于分享式教学已经有了自己的一些经验，也看到了一些转变，结合实施情况进行统计，总结概括出"有效分享"的策略方法。

问卷发放/回收情况：本次问卷面向刘霞省级名师工作室41位老师分不同年龄层次、不同教龄进行调查，共发放问卷41份，回收问卷41份，其中有效问卷41份。

问卷分析报告：

经过一年的课题研究后，大部分教师对于分享式教学已经有了比较充分的了解。从教师卷（后卷）分析来看有以下几点。

（1）课堂中教师以生为本的主体意识逐渐增强，并且能够落实到教学中。课堂不是以教师的讲授为主，而是以学生的自主式、交互式、个性化的学习为主，教师能够让学生有充分的时间交流探讨，真正成为学习的主人。此外，学生的表达能力和思维能力也有所提升。

（2）教师在课题研究时边想边做，提升了自己的专业能力。教师结合理论并联系生活实际，让所授的知识紧密结合学生生活，不仅在课堂内实施分享式教学，还在课后布置开放性作业，让学生课后与家长进行分享，既能锻炼学生的操作能力、思维能力、探究能力，也能让学生真正"聚堆"分享，让分享真实发生。

（3）大部分教师在进行课题研究后，方向非常明确，教学策略的研究思路也明晰了。学生在"乐分享""善分享"方面的能力有所提升，教师也能感受到这种学习方式带来的"好处"，在课堂实践时能够有意识地进行分享式教学方法的总结，并且通过实践来验证，对"有效分享"的策略进行提炼总结。

分享式教学课堂实例

《倒数的认识》教学设计

【教学内容】

北师大版五年级数学下册第31页《倒数》。

【教学目标】

（1）让学生理解倒数的意义，掌握求倒数的方法，并能正确、熟练地求出倒数。

（2）进一步培养学生的自主学习能力，提高学生观察、比较、概括以及合作学习的能力。

（3）提高学生学习数学的兴趣，培养学生质疑的习惯。

【教学重点】

理解倒数的意义。

【教学难点】

倒数的求法，理解"互为"的含义。

【教学方法】

创设情境、观察归纳、讨论研究、即时训练、自主探究、总结反思。

【教学过程】

（一）谈话导入

男生、女生各派代表进行口算比赛，比赛前先确定做哪一组口算题，再开始比赛。

（1）同学们，这里有两组口算题。（出示A、B两组口算题）

　　　　A组　　　　　　　　　　　B组

$$\frac{6}{7} \times \frac{4}{3} =$$　　　　　　$$\frac{2}{3} \times \frac{3}{2} =$$

$$\frac{1}{2} \times \frac{3}{4} =$$　　　　　　$$\frac{1}{10} \times 10 =$$

$$\frac{2}{9} \times \frac{2}{7} =$$　　　　　　$$2 \times \frac{1}{2} =$$

$$\frac{5}{24} \times \frac{6}{5} =$$　　　　　　$$\frac{6}{5} \times \frac{5}{6} =$$

$$\frac{1}{2} \times \frac{3}{4} =$$　　　　　　$$7 \times \frac{1}{7} =$$

问选B组的同学，你是怎么想的？

（2）B组口算题有什么特点？观察思考：乘数有什么特点？这节课我们来学习"倒数"。（板书课题）

（3）发现问题，提出问题，学习新知。

师：看到"倒数"这个数学名词，你有什么想要了解的问题？

学生可能提出的问题：什么是倒数？0有没有倒数？怎么求倒数？学习倒数有什么用？……

生板书自己提出的问题。

（二）自主探究

1. 学习倒数的意义

（1）自学31页倒数的意义，用红笔勾画出关键的字词，并说说理由。

（2）出示小组活动要求：

① 四人小组分工，每人讲一部分。

A. 什么是倒数？你认为哪些词最关键，为什么？

B. 看表格，说一说。仔细观察表5–6中长方形的面积是1，长和宽有什么特点？（第31页）

表5-6　数据表

长	1	5	$\frac{4}{3}$	$\frac{9}{7}$
宽	1	$\frac{1}{5}$	$\frac{3}{4}$	$\frac{7}{9}$
面积	1	1	1	1

② 四人小组准备全班分享。

（3）以小组为单位全班分享交流。

① 什么叫倒数？

乘积是1的两个数互为倒数。对于这个概念你是怎么理解的？

（师板书：乘积是1、两个、互为）

② "乘积是1"的意思，这两个数只能相乘得1，相加、相减、相除得1是不行的。

你能举例子说明一下吗？

③ "两个"呢？

倒数只能在两个数之间，一个数、三个数、四个数是不能说它们是倒数的。

④ "互为"谁来说一下？

这里只能说"谁是谁的倒数"，不能说"4是倒数"，应该说"4是$\frac{1}{4}$的倒数"。

这里的"互为"告诉我们，倒数是指两个数，只有两个数才能说"谁是谁的倒数"。

⑤ 同学们，在倒数的概念中有着这么多需要大家注意的地方，这就是数学的严谨性。

⑥ 你能举出几组像这样互为倒数的例子吗？

指名学生说一说。

（4）巩固概念，完成下面判断题：

① $\frac{2}{5} \times \frac{5}{2} = 1$，$\frac{2}{5}$ 是倒数。（　　　）

② $0.2 + 0.8 = 1$，0.2的倒数是0.8。（　　　）

③ $\frac{3}{5}$ 和 $\frac{5}{3}$ 互为倒数。（　　　）

④ $\frac{3}{8} \times \frac{5}{3} \times \frac{8}{5} = 1$，所以 $\frac{3}{8}$、$\frac{5}{3}$、$\frac{8}{5}$ 互为倒数。（　　　）

⑤ $\frac{2}{3}$ 的倒数是 $\frac{3}{2}$，$\frac{3}{2}$ 的倒数是 $\frac{2}{3}$。（　　　）

2. 学习求倒数的方法

（1）出示4个数，学生比赛任选两个数写倒数。

$$\frac{3}{4} \qquad 0.65 \qquad 9.3 \qquad \frac{7}{8}$$

为什么都选分数？怎样求一个分数的倒数？

生1：我是用乘法，看谁和这个数相乘得1，这个数就是它的倒数。

生2：我把分子、分母交换位置就得到这个数的倒数。

（师生共同总结：一个分数的倒数就是把这个分数的分子分母交换位置。）

（2）那整数、小数的倒数怎么求？试着写一写。在小组内相互交流一下。

学生将自己找到的倒数写在黑板上，并全班交流方法。

生1：带分数就先把带分数化成假分数，再交换位置。（板书：化简）

生2：把小数变成分数。（板书：变分数）

生3：整数的倒数就是这个整数分之一。

生4：把小数化成分数要注意约分。

师生对口令，求一个数的倒数。教师说数，学生说它的倒数。

（3）抢答：说出下面数的倒数。

$$\frac{7}{12} \qquad \frac{1}{3} \qquad \frac{9}{4} \qquad 15 \qquad \frac{13}{5} \qquad 1$$

$$\frac{1}{8} \qquad \frac{9}{2} \qquad 2 \qquad 0.25 \qquad \frac{5}{6} \qquad 0$$

1的倒数是什么？（板书：1的倒数是1）

0的倒数呢？同桌之间先说一说。谁愿意上来给大家交流一下你的想法？

生1：0没有倒数，0乘任何数都得0，没办法得1。

生2：我们想有没有一个数乘0等于1？没有这样的数。

（板书：0没有倒数）

（4）课件出示，教师小结方法。

① 整数的倒数：先将整数化成分母是1的分数，再将分子和分母调换位置。

② 带分数的倒数：先将带分数化成假分数，再将分子和分母调换位置。

③ 小数的倒数：先将小数化成分数，再将分子和分母调换位置。

④ 1的倒数是1，0没有倒数。

求一个数（0除外）的倒数可以先化成分数，再调换分子和分母的位置。

（5）小组比赛：一人说数，同桌说它的倒数。

（三）巩固练习，拓展外延

（1）判断题。

① 因为1的倒数是1，所以0的倒数是0。 （　　　）

② 任何假分数的倒数都是真分数。 （　　　）

③ 任何真分数的倒数都是假分数。 （　　　）

④ 因为a和b互为倒数，所以a×b=1。 （　　　）

⑤ $1\frac{2}{5}$的倒数是$1\frac{5}{2}$。 （　　　）

⑥ 0.4和2.5互为倒数。 （　　　）

（2）下面长方形的面积都是1，请你填一填。

①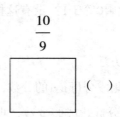

②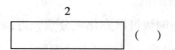

③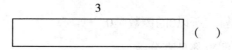

④

⑤

（3）填一填。

$\dfrac{3}{10} \times \dfrac{(\quad)}{(\quad)} = 1$　　　$7 \times \dfrac{(\quad)}{(\quad)} = 1$

$1 \times \dfrac{(\quad)}{(\quad)} = 1$　　　$\dfrac{(\quad)}{(\quad)} \times \dfrac{(\quad)}{(\quad)} = 1$

（4）直接写出得数。

$$\frac{2}{3}x=1 \qquad 4x=1 \qquad \frac{5}{7}x=1 \qquad 1+x=1$$

（5）智慧星。

$$\frac{2}{3} \times (\qquad) = \frac{3}{4} + (\qquad) = \frac{3}{2} - (\qquad) = 1$$

$$A \times \frac{5}{6} = B \times \frac{7}{5} = 1$$

$$A \times B = (\qquad)$$

（6）思考题：

$$1 \div \frac{2}{3} = (\qquad)$$

$$2 \div \frac{2}{3} = (\qquad)$$

（四）课堂总结

（1）课前同学们提出的问题都解决了吗?

（2）这节课你有什么收获?

（五）布置作业

完成课本第32页的1、5、6题。

（六）板书设计

倒数

乘积是1的两个数互为倒数

1的倒数是1

0没有倒数

《倒数的认识》说课稿

【教材分析】

本课的内容是北师大版六年制小学数学五年级下册第三单元第31页的内容，它是在学习分数乘法计算的基础上进行教学的，也是后面学习分数除法必备的知识，为学习分数四则混合运算和百分数的有关计算打下了基础，起着承上启下的作用。

1. 教学目标及确定的依据

基于以上的认识，遵循"知识与技能的学习必须以有利于其他目标（数学思考、解决问题、情感态度）的实现为前提"的重要理念，根据本节课的教材内容以及学生的特点，本课确立了以下教学目标：

（1）让学生在具体情境中理解倒数的意义，掌握求一个数（0除外）的倒数的方法，并会求一个数的倒数。

（2）让学生主动参与观察、猜测、交流等活动，经历探索求倒数方法的过程，培养学生观察的能力和解决问题的能力。

（3）培养学生良好的合作意识，让学生感受到数学的趣味性和挑战性，获得良好的情感体验。

2. 教学重点及确定的依据

学生能够熟练地求出一个数的倒数，将会直接影响分数除法的计算和分数四则混合运算效率的提高。因此，本课根据学生特点和教材的要求确定教学重点：理解倒数的意义，掌握求一个数（0除外）的倒数的方法。

3. 教学难点及确定的依据

就倒数的意义而言，表面看似简单，即乘积是1的两个数互为倒数。但学生在理解的时候往往把"互为"两个字丢掉，要想使学生真正理解倒数的意义，必须抓住关键词"互为"，化抽象为形象，因此准确、透彻地理解倒数的意义是本节课的难点。

【教学流程】

在数学课堂教学中，学生应始终在合作中发现问题、在分享中探讨问题、在分享中解决问题，只有这样才能体现学生在数学课堂上的主人意识。本节课的总体设计理念充分体现了新课程标准的启发、诱导、合作的教学思想，在教学中激发了学生的学习积极性。教师要向学生提供充分从事数学活动的机会，帮助他们在自主探究、合作交流的过程中，真正理解和掌握基本的数学知识与技能、数学思想和方法。整个教学过程以学生为学习主体，教师只作为学习的组织者、引导与合作者，充分调动了学生的学习积极性，构建了设疑激情—探究分享—应用提高—交流评价四个环节。

（一）谈话导入，初步感知

上课开始，教师通过谈话引出学习有关1的算式，让学生说出乘积是1的算式，再让学生想一想，乘积是1的两个乘数有什么特点，从而引出课题。教师让学生自己提供教学材料，能迅速地激发学生的探索兴趣，为探求新知做好心理上的准备。在取名称的过程中，教师让学生观察两个数存在的特点，这样就有效地激发了学生的观察兴趣。

（二）探究发现，交流分享

这个环节分为两层：①理解倒数的意义；②推导倒数的求法。

1. 理解倒数的意义

倒数的意义是一个表面上看起来简单，理解起来却较为抽象的概念，因此这个层次的教学分三步进行：①感知；②理解；③把本节课的难点拉成一个阶梯状，分散处理，由浅入深，帮助学生顺利突破难点。

（1）学，即自学。（初步感知倒数的意义）

① 四组数乘积都是1，那么乘积是1的两个数到底是什么呢？

② 请同学们翻开课本第31页自学。（根据学生汇报板书）

（2）思。（理解倒数的意义）同学们认为要准确理解倒数的意义，应该抓住哪几个关键词？为什么？

（3）议。教师让同学们在小组内交流分享。

（4）评。教师让学生先用语言表述每组算式中两个乘数的关系，目标是加深理解倒数的意义，然后通过判断题，采用教师口述、学生打手势的方法处理，培养学生灵活分析问题的能力，再一次突出倒数意义的关键词"互为""乘积"，加深学生对倒数意义的理解，培养学生的听力，让学生耳、脑、手、口并用，同时让学生全部参与到知识的反馈中来。

这部分内容的教学，教师的作用只是组织、引导，给学生创设生动的学习数学的情境。学生在教师的引导下，积极有序地思考问题。在自主探究的过程中，由于原有认知水平不同，对问题的理解深度和思维方式也不同，学生对倒数意义的认识和理解参差不齐，只有通过合作和交流才能互相启发，共同进步。自主探究不但可以使教师及时了解学生的探究情况，而且可以激发学生的参与积极性，使每个学生都参与知识的反馈。这样就形成了一个交流信息—反馈信息—达成共识—提高认识的良性循环过程，整个过程都是从"指导学习"逐步向"独立学习"的转化过程，从而使学生能主动获取知识，成为真正的学习主体。学生通过探索和交流，初步理解了倒数的意义。通过层层练习、步步深入，学生对倒数的认识已经很透彻了，这也就为后续内容的学习扫清了障碍，打下了坚实基础。

2. 推导求一个数的倒数的方法

这一环节主要解决的问题是：怎样求一个数的倒数。教师先让学生根据"乘积是1"这一倒数的意义来求一个数的倒数，然后引导学生仔细观察数据特征，细心体会两个数分子与分母的位置关系，尝试发现求一个数的倒数的方法，然后运用这种方法去实践检验，教师着重引导学生思考"整数、小数的倒数怎么求？"这样分组处理，从一般到特殊，由浅入深，使学生的思维逐步深入，进而发现事物的本质；培养学生思考问题的全面性、多角度性，保证知识的完整性，做到不缺、不漏；培养学生勤于思考、勇于探索的精神。在这一系列的学习活动后，小结概括出求一个数的倒数的方法也就水到渠成了。在教学中，教师要力求让学生成为学习的主人，关注学生学习的结果，更要关注知识获得的过程。

（三）加强练习，巩固提高

对于所学的倒数的意义和求法，学生只有通过精练与评价相结合，才能加深认识，达到理解、掌握并逐步形成技能。本节课的练习形式多样，紧紧抓住本课的重难点，让学生深刻地理解所学知识，形成技能，通过连线、判断、填空等多种形式的题目，巩固新知。判断题围绕易混易错之处，让学生用手势判断，进行辨析，在训练学生说理能力的同时，训练学生的思维能力。

（四）交流评价，内化新知

为了突出重点，完善知识架构，本课的第四个环节——回顾课前同学们提出问题都解决了吗？

这节课你有什么收获？启发学生说出自己的真实感受，这既是课堂小结，又注重对学生的人文培养。

【教学方法】

为了获得好的教学效果，根据本节课的教材内容和学生的认知特点，更好地突出本节课的重点，突破难点，教师主要采用了以下几种教法：

（1）快乐教学法。教师通过快乐教学，激发学生的学习兴趣，鼓励学生敢于质疑，引导学生自己动脑、动口。参与式学习使学生变苦学为乐学，把数学课上得有趣、有益、有效。

（2）分享式教学法。教师运用分享式教学理念，学生进行"再创造"时能最大限度地发挥主观能动性和创造性，并从中学到学习、探索的方法，尝到探索之趣、成功之乐。例如，在教学倒数的意义时，教师先让学生自学教材第31页上半部分，然后引导学生观察、归纳算式的共同点，最后议论、交流分享。这样就抓住了理解倒数意义的关键，形成共识。再如，在教学求一个数的倒数时，教师继续引导学生自主探究，并在小组内交流、全班分享。教师引导学生主动参与学习过程，让学生自己组织学习材料，给学生提供放手的思维空间，激发学生的学习兴趣，让学生体验成功的快乐。

【学法指导】

"倒数"的学习适用于学生开展观察、比较、交流、归纳等教学活动。为了更好地指导学法，在教学过程中，教师坚持以学生为主体的原则，引导学生从发现乘法算式的特点到从特点出发认识倒数的意义，再从倒数的意义到探究求一个数的倒数的方法，这一过程符合学生由具体到抽象的认知规律，真正做到了玩中学、学中玩。合作交流中学、学后交流分享，使学生既学到了知识，又培养了技能。这样既可以让学生尝试发现从体验到创造的过程，也可以增强学生的合作意识，使他们相互学习、相互借鉴、相互启发，在互动中迸发出智慧的火花，逐步完成对"倒数"的认识。

【板书设计】

倒数的认识

乘积是1的两个数互为倒数。

1的倒数是1

0没有倒数

板书这样设计有利于学生观察回顾，整个板面布局合理，简单明了，同时突出了教学重、难点。

【教具准备】

多媒体课件。

利用多媒体课件不仅可以集中学生的注意力，激发学生的学习兴趣，还可以提高课堂教学效率。

《倒数的认识》教学反思

《倒数的认识》是在学生掌握了整数乘法、分数加法和减法计算、分数乘法的意义和计算法则、用分数乘法解决问题等知识的基础上进行教学的。理解倒数的意义和会求一个数的倒数是学生学习分数除法的前提。学生只有学好这部分知识，才能更好地掌握后面的分数除法的计算和解决问题。

《倒数的认识》这一课的核心内容是"倒数的意义和求法"。"倒数的意义"属于概念的教学。只有让学生关注基础知识本身，让学生在深入剖析"倒数的意义"的过程中，学会数学思考，体会解决问题所带来的成功体验，才能使学习真正成为学生的需要。

本节课在设计教学时力求充分发挥学生学习的主动性和积极性，引导学生在自主探索与交流合作中再现知识发生的过程，提高学生的观察分析和概括归纳的能力，实现知识技能与学生智能的同步发展。

在教学的第一个环节，我利用一组算式引导学生观察、思考、举例，不但拉近了学生与新知的联系，而且使学生很快进入积极的思维状态。教师在教学倒数的意义时，完全放手让学生依据课本自学，学生通过自己的努力，很快发现问题并主动解决问题，沿着"无疑—有疑—无疑"这一条"波浪式"的思维路线进行自我探究。这样不仅培养了学生自学能力，还提高了学生参与尝试的兴趣。在理解意义的基础上，倒数的求法的教学则采用讨论的方法进行，学生在合作讨论中及时反馈获得的数学信息，表述自己独到的发现，既实现了信息共享，又实现了数学知识的"再创造"。合作讨论使学生获得了探索成功的学习体验，从而更愿意去学习数学，有效培养了学生倾听、交流、辩驳的能力。最后，教师在教学中利用不同层次的练习，既巩固了知识，又培养了学生灵活分析、发散思维的能力，达到了知识、能力、情感三大教学目标。

教师要给学生独立思考的时间，相信学生具有独立思考的能力，教学中每一个问题的提出，要使学生不是坐等听别人讲，而是能养成先自己积极思考，再与同伴合作学习的习惯；当学生有困惑时，教师可以充分发挥学生集体的智慧，引导学生小组合作、互相学习，使学生在合作中交流、在合作中提高、在合作中解惑。在教学中，对于探求"整数有没有倒数""0和1有没有倒数""小数有没有倒数"这几个环节，教师应充分发挥学生合作交流的作用，促使学生共同解决问题。

《年、月、日》教学设计

【教学内容】

北师大版小学数学三年级上册第67~68页。

【教学目标】

（1）使学生认识时间单位年、月、日，知道大月、小月、平年、闰年的知识。记住各月及平年、闰年的天数，能初步判断一年是平年还是闰年。

（2）要求学生在回顾、整理、观察活动中，能发现一些简单的规律，帮助学生建立较长的时间观念，发展学生的观察、判断和推理能力。

（3）注意联系实际对学生进行学习目标、爱惜时间的教育。

【教学重点】

年、月、日间的关系。

【教学难点】

平年、闰年的判断。

【教具准备】

年历卡片、课件。

【教学过程】

（一）设疑导入新课

（1）设疑。同学们，你们从出生到现在一共过了几个生日？可是有个小朋友到12周岁时，他只过了3个生日，为什么呢？

（2）导入新课。这属于年、月、日的知识，本节课我们就来学习年、月、日。（板书课题）

年、月、日是时间单位，我们以前学过哪些时间单位？时、分、秒是较小的时间单位，年、月、日是较长的时间单位。关于年、月、日，你知道哪些相关知识？

（二）探究新知

（1）认识一年12个月以及各月的天数。

出示当年的年历卡片，仔细观察你能提出哪些问题？生可能提出的问题：

① 一年有几个月？

② 每个月的天数都一样吗？是多少天呢？

③ 31天的有哪几个月？30天的有哪几个月？

（2）小组交流分享。

出示活动要求：

① 填一填，把2013—2016年各月份的天数记录在表格中。

② 你发现了什么？在小组内交流。

③ 全班分享。小组分工汇报（一人汇报，一人板书重要内容）。例如，一年有12个月，每个月天数有31天、30天、29天，还有28天。31天的月是哪几个月？30天的月是哪几个月？什么是平年？什么是闰年？

（3）看一看，记一记，与同桌相互说一说。怎样才能很快记住哪个月是31天呢？

① 用数左拳的方法。

② 利用歌诀记住有31天、30天的月份。

（课件出示歌诀）一、三、五、七、八、十、腊，三十一天永不差；四六九冬三十日。平年二月二十八，闰年二月把一加。

（4）巩固记忆。

① 今年的儿童节是星期几？

② 你的生日是几月几日？把自己的生日圈在年历卡片上，说一说那个月是多少天？

③ 做游戏。

教师报月份，学生出红、黄牌，红牌表示31天的月份，黄牌表示30天的月份。

学生报年份，教师说出平年或闰年。猜一猜，教师为什么能很快说出哪一年是平年还是闰年？

（5）判断平年、闰年。

学生完成附页2将2009—2016年2月份的天数记录在表格中，并在小组内交流。

① 2012年、2016年两年都是闰年。

② 涂一涂：把表中的闰年年份涂上颜色，观察这两个闰年的年份数，你发现有什么规律？

③ 分组验证，看这些年份数是不是4的倍数？

④ 判断练习：

a. 判断一年是平年还是闰年，要看这一年的年份数是不是4的倍数，如果是4的倍数的这一年一般是闰年。

b. 根据计算结果，判断下面的年份是平年还是闰年？

1876÷4=469

1894÷4=473……2

1946÷4=474

1900÷4=475

c. 揭示整百年是否是闰年的规律。

d. 1900年是4的倍数，但它不是闰年。

e. 解释"通常""一般"。

f. 2000年是400的倍数是闰年，1900年不是400的倍数不是闰年。

（6）计算全年的天数。

算一算平年一年有多少天？

不用计算，闰年一年有多少天？将计算结果填在书上。

（7）为什么平年一年365天，闰年一年366天？为什么通常每4年里有一个闰年？（听录音）

（三）巩固练习

（1）口答。

① 4月30日的后一天是（　　）月（　　）日。

② 6月1日的前一天是（　　）月（　　）日。

③ 小红到奶奶家连续住了62天，正好是两个月，这两个月是（　　）、（　　）月。

④ 弟弟12岁的时候，只过了3个生日，他是（　　）月（　　）日出生的。

⑤ 第29届夏季奥林匹克运动会于（　　）年（　　）月（　　）日在北京开幕，历时16天，于（　　）月（　　）日胜利闭幕。

（2）算一算。

① 今年的上半年一共多少天？

② 四月份有几个星期零几天？

（3）判断正误。

① 每年都是365天。　　　　　　　　　　　　　　　　　　（　　）

② 一年中有7个大月，4个小月。　　　　　　　　　　　　　（　　）

③ 小华说："我表弟是1985年2月29日出生的。"　　　　（　　　）

④ 小军说："我爸爸4月31日才从上海开会回来。"　　　　（　　　）

（4）平年、闰年的判断。

① 1996年、1949年、1997年、2000年、2008年。

② 今年是平年还是闰年？

（四）课堂总结

（1）师生共同小结本节课学习的主要内容。

（2）强调注意的内容。

（五）布置作业

练一练第1、3题。

（六）板书设计

年月日

1年	12月	365天
		366天
一、三、五、七、八、十、十二月		31天
四、六、九、十一月		30天
闰年	二月	29天
平年		28天

《年、月、日》说课稿

【教材分析】

1. 内容简析

《年、月、日》是北师大版三年级上册第67~68页的教学内容。这部分内容是在学生已掌握小时、分、秒知识，并在实际生活中积累了年、月、日方面的感性经验，已形成较长时间观念的基础上进行教学的。

年、月、日都是较大的时间单位，理解一年或一个月的时间有多长需要借助一定的想象力。教材在编排上突出的特点如下：

（1）注意理论联系实际，利用直观的年历组织学生进行一系列的活动，使学生初步了解年、月、日，平年、闰年的基本含义以及相互关系，并且通过对事物与时间关系的体验，逐步建立较长的时间观念。

（2）注意提高学生的学习兴趣，为了便于学生记忆一年中每月的天数，教材介绍了拳头记忆法和歌诀记忆法。

2. 教学目标及确定的依据

（1）教学目标。

① 要求学生认识时间单位年、月、日及其相互间的关系，知道大月、小月、平年、闰年的知识。记住各月、平年及闰年的天数，能初步判断某一年是平年还是闰年。

② 在回顾、整理、观察活动中，能发现一些简单的规律，发展学生的观察、判断和推理能力。

③ 经过与他人合作交流解决问题的过程，能倾听别人的意见，感受数学学习的快乐；联系实际对学生进行学习目标及爱惜时间的教育。

（2）制定教学目标的依据。

① 要求学生认识时间单位年、月、日，知道大月、小月、平年、闰年等方面的知识，记住每个月以及平年、闰年各是多少天。这是课程标准对本节课知识方面的要求。

② 根据教材的地位作用及《数学教师教学用书》制定本节课的教学目标。

③ 结合三年级学生特点，制定本节课的教学目标。

学生已掌握了时、分、秒，但对较长时间只有一些感性经验，因此教师在教学中除了帮助其建立年、月、日的时间观念之外，还要联系实际对学生进行学习目标、遵守时间、爱惜时间的教育。

3. 教学重点、难点及确定的依据

本节课的教学重点是年、月、日之间的关系。

本节课的主要内容是认识时间单位年、月、日，而教材是通过年、月、日的关系来认识年、月、日的，所以它是教学中的重点，这样才能使学生建立起较长的时间观念。

本节课的教学难点是平年、闰年的判断。

学生对较长的时间单位"年"的理解有困难，平年、闰年的判断方法学生不易掌握，因此平年、闰年的判断是本节课的教学难点。

【教学设想】

1. 课堂教学过程的安排

本节课分五个教学环节：导入新课、探究新知、巩固练习、课堂总结、布置作业。在这五个环节中，探究新知和巩固练习是重点环节，分述如下。

（1）导入新课，用5分钟时间。先从问学生年龄起，设疑：小朋友满12岁却只过了3个生日，这是怎么回事？提问接近学生实际，激起学生的疑问，在此揭示课题，从而调动了学生的积极性，对学习新课产生兴趣；再让学生说一说，关于年、月、日，你知道些什么？

（2）探究新知是重点环节，用15分钟时间。为了突出重点，突破难点，此环节分四层完成。

① 认识一年中有12个月及各月的天数。填一填，把2013—2016年各月份的天数记录在表格中，你发现了什么？通过观察年历卡片，以小组分享交流的形式，学生了解到一年有12个月，每个月的天数都不一样，有31天、30天、29天、28天，对年历有了一个整体的认识。

② 认识月。在学生认识了有31天、30天的月之后，让学生将抽象的时间和具体的事件联系在一起：在今年的年历中找出儿童节是星期几；自己的生日是几月几日；用铅笔在年历上圈出来，看着年历说出十月份有几个星期零几天。对事件与时间关系的体验，让学生逐步建立起"月"的观念；再利用直观的数左拳、歌诀以及做游戏等方式，帮助学生记忆，又使学生思维活跃，兴趣浓厚。

③ 教学平年、闰年。首先通过学生考老师环节又一次激发了学生的求知欲，此时课堂气氛热烈，学生争着抢着出问题考老师。老师又说"判断哪一年

是平年、闰年这里有个窍门，大家想不想自己发现？"引导学生发现规律，再根据计算结果判断哪些年是闰年，哪些年是平年。

其次用"1900÷4=475"这一题告诉学生1900年不是闰年，激起学生疑问，得出判断平年、闰年的方法。

④ 计算全年的天数。让学生动手算一算平年一年多少天，不用算而推出闰年一年多少天，使学生利用刚刚学到的知识自己计算出平年全年、闰年全年各自的天数。在此基础上，又提出"为什么平年全年365天，闰年全年366天？"并请来"知心姐姐"告诉大家。伴随着优美的旋律，"知心姐姐"亲切答话，使学生得到了美的享受，获取了知识。

（3）练习环节，用15分钟时间。安排这个环节，目标有两个：一是巩固所学知识，二是反馈教学。练习遵循由易到难、由简到繁的原则分四层安排：

① 口答题。通过浅显易懂的口答题，让学生借助于平时对时间的直接经验和想象力进行练习。

② 算一算。通过计算今年上半年的天数，四月份几个星期零几天，巩固学生所学的知识。

③ 判断题。列出学生容易出错误的几个句子让学生判断，有利于培养学生的思维能力，使其建立正确时间观念。

④ 判断哪些年是平年、闰年，以巩固学生对平年的认识。通过对特定的年份的判断，如1949年、1997年、2000年、2008年，渗透爱国主义教育。

（4）课堂总结。通过课堂总结，加深学生对整节课有一个整体的认识，同时强调练习中易错的问题。

（5）布置作业。目标是第二次反馈练习，进一步巩固新知。

【教学方法】

本节课采用的主要教学方法是启发谈话法和练习法。教师在教学中运用分享式教学理念，让学生发现问题再独立思考，最后交流分享，有利于学生思维的发展。此外，教师还通过亲切的语言，即对学生鼓励性的话语，使教学在知识、情感这两条主线的相互作用、互相制约下完成，使学生的思维一直处于活跃状态，激发了学生的求知欲，调动了学生的学习积极性。

【板书设计】

（见教案）

课题写在黑板正中，下面分年、月、日，按顺序排开。这样板书，将重点内容放在了醒目位置，突出重点。

【教具使用】

教具主要是年历卡片、课件。学生准备的年历卡片，利于观察年历，完成教学任务。

《年、月、日》教学反思

在教学中，教师利用学生已有的生活经验，创设问题情境：有个小朋友今年已经12岁了，才过了3个生日，这是什么原因呢？从而引出课题。"年、月、日"的知识，早就融入了学生的日常学习和生活，因此教师在导入新课时与学生交流了有关年、月、日的信息："说一说，关于年、月、日，你知道些什么？"

在本节课的教学中，教师重视学生的原有认知基础。教学不仅仅要思考数学自身的特点，更应遵循学生原有的基础，把知识蕴含于学生具体活动的经验背景之上，激发学生自主探究知识的欲望，并且使学生发现生活中处处有数学。学生通过学习交流，归纳出：一年有12个月；一、三、五、七、八、十、十二月有31天，是大月，四、六、九、十一月有30天，是小月，二月是平月有28天或闰月29天。大月和小月的记忆还可以运用拳头记忆法和歌诀记忆法。学生在经历了回顾、整理、观察、发现、交流分享的学习过程后，初步构建了年、月、日的知识脉络。

在教学大、小月之后，教师还安排了举红黄牌游戏，在游戏中加深了学生对大月、小月的记忆；让学生记录各年份中2月的天数，鼓励学生独立思考、自主发现判断平年、闰年的方法。

针对小学生具体形象思维得到较高发展并向抽象逻辑思维过渡的心理特点，教师以生动的讲述过程中穿插配乐录音和课件的方式，让学生在愉快的心境中理解了年月日的概念和闰年、平年的计算方法。

在课件的设计上，教师还设法体现出课程标准关于贯穿思想教育方面的要求。教师以天安门广场、香港全景、宇宙飞船、奥运会开幕4幅图片分别设定1949年、1997年、2000年、2008年这4个年份，以这4个年份的闰年、平年计算过渡到向学生渗透中华人民共和国成立、香港回归和迈向21世纪等方面的爱国主义教育。

《奥运开幕（认识分）》教学设计

【数学内容】
北师大版小学数学二年级下册第75~76页《奥运开幕（认识分）》。

【教学目标】
（1）结合奥运会开幕的现实情景，进一步认识钟面，认识分，知道1时=60分，初步体会时、分的实际意义。

（2）能正确认、读、写钟面上表示的时间，培养学生的观察能力和思考能力。

（3）联系学生的生活实际，激发学习兴趣，认识学习时、分的意义，促使学生养成遵守和爱惜时间的良好习惯。

【教学重点】
时、分观念的建立以及钟面上表示的时刻。

【教学难点】
时、分观念的建立，准确说出几时几分。

【教具准备】
钟面、挂图、课件。

【教学过程】
（一）创设情境、导入新课

（1）观看2008年北京奥运会开幕的视频，北京时间2008年8月8日8时08分这个重要的时刻，奥运会开幕了。

（2）出示钟面图，说一说晚上8时08分在钟面上如何表示？让学生尝试认识这个时刻。

这节课我们来继续学习时间的有关知识。（板书课题）

（二）探究新知

（1）认识钟面。说一说，关于钟面你知道些什么？

① 认识时针、分针及其运动方向。

观察钟面，看到了什么？哪个是时针？哪个是分针？要求学生用手比画出时、分针的运动方向。

② 认识大格、小格。

钟面上有多少个大格？多少个小格？

（2）认识时、分。

① 认识分。拨一拨，填一填。

分针走1小格的时间就是1分。（板书）

1分到底有多长呢？请同学们找出自己的脉搏，数一数脉搏一分跳了多少次？

分针走1小格的时间就是1分。分针从数12走到1是几分？也就是分针走1大格的时间就是5分。

分针12走到2是几分？分针从12走一周又回到12是多少分？

② 认识1小时。

时针从数1走到2是多少时间？时针走一大格的时间是1时。（板书）

这两个时间单位之间有什么关系？

分组观察，一组学生观察分针走了多少，另一组学生观察时针。

同桌相互讨论，你发现了什么？时针走1大格，分针正好走一圈。

1时=60分。（板书）

③ 练习。

一节课是（　　）分，课间休息（　　）分，再加上（　　）分就是1时。

（3）认读并写出钟面上所表示的时间。

① 整时的读写。

同学们在一年级已经学会了看整点钟，下面我们来看钟面所表示的时刻。

教师出示钟面（1时、4时、6时）学生说时刻，教师板书：1时写成1：00，4时写成4：00，6时写成6：00。

教师小结并板书：分针指着12，时针指着数几，这时的时刻就是几时。整小时读作几时。

② 几时几分的读写。同桌合作：认识8：08，并试着说一说是什么时刻。同桌交流：与同伴说一说你是怎么认的？

a.先看时针，再看分针。

b.时针刚走过数几，就是几时多。

c 再看分针，分针从12起走了多少个小格，就是多少分。

③ 小组内交流，认识第三和第四个钟面所表示的时间，全班分享汇报。汇报时学生可能说：我是一格格数的，我是用乘法计算的，我是用减的方法。只要学生找对了，教师都要充分肯定。

小结方法：这些钟面所表示的时刻都是几时几分，先看什么，再看什么？

板书：钟表上时针刚走过数几，分针从12起走了多少个小格，这时的时刻就是几时几分。

（4）总结。这节课我们不仅认识了时间单位时、分，知道了1时=60分，还学会了如何看钟面上表示的时刻。

（三）巩固练习

（1）教师出示钟面教具，学生口述时刻。（题略）

（2）教师报时刻，学生按要求拨自制钟面。（题略）

（3）完成第76页第1题。

（4）完成第76页第2题。

（5）一分钟时间可以做多少事情？

看图了解我国现代化建设中一分时间产油、钢、煤、电多少？

教育学生要珍惜每一分时间，好好学习为建设祖国多做贡献。

（6）思考题。

说出下面钟面所表示的时刻：

11：48的钟面图，3：27的钟面图。

（四）课堂总结

这节课我们都学习了哪些知识？

怎样看整时？怎样看几时几分？

（五）布置作业

回家做拨钟游戏。

（六）板书设计

奥运开幕（认识分）

1时=60分

分针走一小格的时间是1分   时针走一大格的时间是1时

看整时的方法   看几时几分的方法

《奥运开幕（认识分）》说课稿

【教材分析】

1. 内容简析

《奥运开幕（认识分）》是北师大版小学数学二年级下册第75~76页的内容。本节课是在一年级已经初步认识钟面整点的基础上进行教学的，它为学习较长一些的时间单位（年、月、日）打下了基础。它与实际生活有着密切的联系。教材主要教学目标是使学生认识时间单位时、分，进一步认识钟面和掌握看钟面的方法，初步建立时间观念，解决生活中有关时间的简单问题。

由于时间单位比较抽象，教材在编排上突出的特点如下：

（1）直观性，通过看钟面上表示的时刻，直观地帮助学生获得感性认识，培养学生的观察能力以及思考能力。

（2）教材注意联系学生的生活实际，便于学生建立时间观念。学生通过数钟面小格数，直观地了解到时针走过一个数就过了1时，分针走过1小格就过了1分；接着通过数自己的脉搏看1分跳的次数，切身体验1分的持续时间，初步建立1分的时间观念。1时的持续时间也是与学生日常活动的时间体验相联系而建立起来的。

2. 教学目标的确定及依据

（1）教学目标。

① 结合奥运会开幕的现实情景，进一步认识钟面，认识分，知道1时等于60分，初步体会时、分的实际意义。

② 能正确认、读、写钟面上表示的时间，培养学生的观察能力和思考能力。

③ 联系学生的生活实际，激发学习兴趣，认识学习时、分的意义，促使学生养成遵守和爱惜时间的良好习惯。

（2）确定教学目标的依据。

① 课程标准对本节课提出的任务是：认识时间单位时、分，知道1时等于60分，初步建立时、分的时间观念，养成遵守和爱惜时间的良好习惯。

② 根据教材所处的地位和作用以及教材编写的意图制定教学目标。

③ 教学目标的制定应结合学生的特点，二年级学生对时间单位感到抽象，虽有一定的时间观念，但不确切，有的学生还不会看钟表，在此基础上制定了本节课的教学目标。

3. 教学重难点及确定的依据

本节课的教学重点：时分观念的建立，会看钟面上表示的时刻。时、分的观念及会看钟面时刻既是本节课的主要内容，又是实际生活中常用的知识，因此确定为本节课的重点。

教学难点：时分观念的建立及准确说出钟面上的几时几分。

时间单位比较抽象，不像长度单位、重量单位那样容易用具体的物体表现出来，学生不容易体会，因此建立时、分的观念是本节课的难点。对看钟面上的几时几分，尤其是时针、分针靠得很近的时刻，学生年龄小较难识别，因此准确说出钟面的几时几分也是教学的难点。

【教学设想】

教学过程有五个教学环节，即导入新课、探究新知、巩固练习、课堂总结、布置作业。在这五个环节中，探求新知和巩固练习是重点环节，教师应在时间上给予充分的保证。

1. 导入新课

观看2008年北京奥运会开幕的视频，北京时间2008年8月8日8时08分这个重要的时刻，奥运会开幕了，激发学生的学习兴趣，同时教师对学生进行思想教育。

2. 探究新知

这是重点环节，15分时间，主要分三层完成教学任务。

教学先从整体入手观察钟面，使学生对钟面首先有了整体的印象，知道了钟面上有几个大格、几个小格；时针、分针的运动方向的认识，为突破后边难点做了铺垫。

（1）时分的认识。

在认识时间单位"分"的时候，教师问学生分针从12走到1是几分，走到2是几分，走到6是几分，这为学习看几时几分做了铺垫，既分散了难点，又为学习1时=60分做了铺垫；紧接着认识时间单位"时"，教师通过分组观察，引导学生发现1时=60分。时分的认识是建立在学生的感性认识的基础上，并结合学生切身体验进行教学的。例如，学生通过做数脉搏1分跳（　　）次，一节课是（　　）分，课间休息是（　　）分，再加上（　　）分就是1时等填空题，建立1时的持续时间，逐步建立时、分观念。

（2）认读并写出钟面上所表示的时间。

整时的读写，它不仅使学生学会看整钟点，也为学生学会看几时几分做准备，教学时重在让学生说用什么方法看出时间。

几时几分的读写是教学的难点，可从以下四点突破难点：

a. 分针、时针的运动方向。

b. 先看时针，时针刚走过数几，就是几时多。

c. 再看分针，分针从12起走了多少个小格，就是多少分。

d. 说出钟面上是几时几分并小结方法，这样安排教学有利于学生掌握看几时几分时刻的方法程序，有利于难点突破。让学生同桌合作，先小组交流，最后全班分享。

3. 巩固练习

巩固练习环节是重点环节。教师可用15分时间，根据理解与巩固相结合的原则，一方面巩固所学的新知，另一方面是教学信息反馈，了解到学生的学习情况，从而加强了后面教学的针对性。

练习是有层次的，练习设计要本着由易到难、由简到繁、循序渐进的教学原则分三个层次：

第一层次是基本练习，通过教师拨针，学生口述时刻或教师报时间，学生拨针，学生能正确说出或表示出钟面上表示的时刻。

第二层次是综合练习，通过做判断题、选择题等，或玩找朋友游戏，学生进一步建立时间观念，掌握看时刻的方法。

第三层次是思考题，这道题要求有所提高，但在看钟面时经常遇到，让学生"跳一跳摘到果子"，这是易中有难、难而可及，既使所学知识适当拓宽延伸，又发展了学生的思维能力。

这样安排练习注意了以下四点：①练习面大，在同一时间内全班每个学生都进行了练习巩固；②信息反馈及时，无论是拨钟，还是手势表示正误，教师一目了然，能够及时了解学生的掌握情况；③形式多样，有利于调动学生学习的积极性，动嘴、动手、边说边拨，相互检查，体现了学生是学习的主体；④练习有利于提高课堂教学效率。

4. 课堂总结

安排这一环节是使学生对所学知识有个整体呈现，再从整体上认识本节课所学的内容，有利于知识结构的建立。

5. 布置作业

与家长做拨钟面游戏，巩固所学，加深记忆。

【教学方法】

本节课的教学方法主要是演示法、实验法、启发谈话法、练习法等多种方法的结合。教师通过让学生观察钟面，时针走一大格是1时，分针走一圈是1时，帮助学生获得时间观念的感性认识。在教学"分"的认识时，教师让学生数自己的脉搏一分跳几次，初步建立1分的时间观念，这样使学生切身体验1分持续的时间,这是实验教学方法的体现。在教学中,教师还运用分享式教学理念,让学生从问题入手,思考并分享所思所想,培养学生的思维能力。新知识的尝试练习及巩固练习是运用练习法教学,使知识得以巩固,信息得以反馈。教师还通过亲切的语言,对学生鼓励性的话语,使教学在知识、情感这两条主线互相作用、互相制约下完成,创设了愉悦、和谐的课堂环境,使学生在乐中学,在学中长知识。

【板书设计】

(详见教案)

将题目写在黑板正中间,下面写时、分的规定方法,1时=60分,再下面是认识整时和几时几分的方法。这样板书将重点内容放在醒目的位置,条理清楚,突出了教学重点,有利于知识的系统整体呈现,有利于达成教学目标。

【教具准备】

教具主要是钟面教具、图片、多媒体的使用。

钟面教具直观,便于突破教学难点,突出教学重点。多媒体的使用,突出直观醒目,加大了练习的密度,提高了教学效率。色彩鲜艳的图片,便于学生看清楚,利于突破教学重点。

《奥运开幕(认识分)》教学反思

北京奥运会开幕是一个重要的历史时刻,一开课教师就从"奥运开幕"的情境出发,引导学生观察主题图,通过提问:"仔细观察你发现了哪些数学信息?"引出对时间单位的认识。教师再进一步引导学生说一说"晚上8时08分在钟面上如何表示?"这个看似简单的问题,却引出本课的教学目标——要学会看钟表。怎样才能从钟面上看准几时几分呢?这便是本课要着重解决的问题,目标明确了,就能从需要的层次上调动学生学习的内动力,学生学习兴趣便由此产生,教学也就在趣味盎然的氛围中顺利进行下去了。

教师在教学时运用分享式的教学理念,通过问题—思考—分享逐步解决教材的三个问题。第一个问题让学生结合已有的经验，认识钟面上的内容；第二个问题是借助拨钟表的操作活动，实际体验时、分之间的关系；第三个问题是认识钟面上表示的时间。

二年级学生对于时间的认识，虽有一定的生活经验，但认识往往不够准确，在交流分享时会有错误的信息，教师不要急于纠正学生，让同学之间相互说一说，最终得到准确的说法。

在突破教学难点时，教师重视学生观察、操作多种方式的有机组合。例如，学生通过拨钟面表针的活动，体会时与分之间的关系；通过体验1分时间长短的实践活动，体验1分能做不少事情；通过看图了解我国现代化建设中1分时间产油、钢、煤、电多少，体会时间的价值。

在学生确认钟面的时间有各自不同的方法后，教师给予充分的肯定，同时重视课堂的巡视，对有困难的学生及时帮助。

整个教学过程环环相扣，知识由浅入深，循序渐进。练习的设计形式多样，达到了知识与能力同步，训练与趣味融为一体。

《分香蕉（认识除法的意义和除法算式）》教学设计

【教学内容】

北师大版小学数学二年级上册第64~65页《分香蕉（认识除法的意义和除法算式）》。

【教学目标】

（1）结合"分香蕉"的具体情境与经验，抽象出除法算式，初步理解除法的意义。

（2）通过对比两种分法，知道除法算式的读法、写法，认识除法算式各部分的名称；培养学生观察和比较的能力，以及口头表达能力。

（3）会用除法算式表示并解释"平均分"的具体过程，初步感受除法与生活的密切联系。

【教学重点】

认识除法的意义。

【教学难点】

会用除法算式表示并解释"平均分"的具体过程。

【教具准备】

图片、红花、课件、学生准备12个圆片。

【教学过程】

（一）复习导入新课（5分）

6朵红花平均分给3个学生，每个学生分几朵？

6朵红花，每2朵分给一个学生，可以分给几个学生？

（教师演示）。同学们对两种不同的平均分法掌握得不错。今天小猴子带了12根香蕉来我们班做客。

（二）探究新知（20分）

1. 教学例题

分一分：一共有12根香蕉，小猴子要把它分给小伙伴，可以怎么分？

学生思考：分12根香蕉，每份同样多，可以怎样分？

学生先独立操作，再在小组内交流。

谁来说说应该怎样分？学生汇报（利用实物投影展示分的过程和结果）。

12根香蕉平均分成2份，每份有6根。

12根香蕉平均分成3份，每份有4根。

12根香蕉平均分成4份，每份有3根。

12根香蕉平均分成6份，每份有2根。

12根香蕉平均分成12份，每份有1根。

这一种分法是先确定份数，按份数进行平均分，结果是每份分到多少。

还有别的分法吗？

12根香蕉，每4根一份，可以分成3份。

12根香蕉，每3根一份，可以分成4份。

12根香蕉，每6根一份，可以分成2份。

12根香蕉，每2根一份，可以分成6份。

……

这一种分法是先确定每份的数量，按每份的数量进行平均分，结果是能分多少份。

2. 认一认，列式与算式

把12根香蕉平均分的方法有很多种，像这样的问题，可以用一种新的算式来记录，那就是除法算式。

（板书算式及各部分的名称）

12÷2=6（根）

3. 想一想

其他分法你会用除法算式表示吗？12÷6=2（只）

4. 说一说，算式中每个数的意思

12根香蕉平均分给2只猴子，每只猴子分到6根。

12根香蕉，每只猴子分到6根，可以分给2只猴子。

对比两种分法的异同：

（1）先从分的过程看。

看有什么相同的地方和不同的地方？

要分的东西相同，都是12根香蕉，分法不同，分的结果也不同。

算式有什么相同的地方和不同的地方？（同桌讨论）

（2）两个算式表示的意思相同吗？

教师明确：都是把12根香蕉平均分，这种平均分的过程都可以用除法来表示。

5. 尝试练习（出示图片）

把8个蘑菇平均分给2只兔子，每只兔子分得几个蘑菇？

把8个蘑菇，每2个分给一只兔子，可以分给几只兔子？

学生动手摆图片，列出算式。对比算式，你发现了什么？说一说算式中每个数的意思。

（三）巩固练习（10分）

（1）圈一圈，填一填，完成第65页练一练第1题。

（2）改错题：小猴子做了两道题，你们看对吗？

（3）写出算式：完成第65页练一练第2题。

（4）说一说，画一画。

（5）把教材第60页和61页的问题用除法算式表示。

（四）课堂总结（5分）

这节课我们通过对比知道了两种分法的区别和联系，理解了除法的含义，学会了比较的方法。在今后的学习中，同学们也要运用比较的方法，会学到更多新的知识。

（五）板书设计

分香蕉

$$12 \quad \div \quad 2 \quad = \quad 6（根） \qquad\qquad 12 \div 6 = 2（只）$$

被除数　　除号　除数　　　商

《分香蕉（认识除法的意义和除法算式）》说课稿

【教材分析】

1. 内容简介

《分香蕉（认识除法的意义和除法算式）》是北师大版小学数学二年级上册第64~65页的教学内容，学生已经积累了较丰富的感性经验，对"平均分"的意义有了比较深刻的理解。本节课是在解决平均分实际问题的过程中抽象出除法算式，不仅能用除法算式表示平均分的问题，而且能结合具体情境解释除法算式的意义。

2. 教学目标及确定的依据

（1）依据课程标准及《数学教师教学用书》对本节课的要求，确定了本节课的教学目标。

（2）根据教材的地位作用及教材的编写意图确定了教学目标。

教材在编排上突出的特点如下：①突出直观，帮助学生弄清两种情况的联系和区别。②重视对比，使学生学会比较的方法，通过观察，区分两种分法的相同点和不同点，在"分香蕉"的具体情境中抽象出除法算式。

（3）教学目标的确定还应结合低年级学生的特点，本着素质教育面向全体的思想，使学生在知识、能力、情感态度价值观三方面都得到充分协调的发展。

3. 教学重难点及确定的依据

本节课的教学重点：理解除法的意义。

教学难点：会用除法算式表示并解释平均分的具体过程。

认识除法意义是本节课的主要内容，教师通过演示"分香蕉"的过程让学生认识除法，认识除法算式中各部分的名称读法和写法。因此，本节课教学的重点是理解除法的意义。

低年级学生的识别能力较差，当他们凭借自己的识别能力去区分两种不同的平均分法时显得有些吃力，尤其是用除法算式表示并解释平均分的过程更加困难一些。因此，本节课教学的难点是会用除法算式表示并解释平均分的具体过程。

【教学设想】

1. 课堂教学结构设计

本节课设置了四个教学环节：一是复习导入新课，二是探究新知，三是巩固练习，四是课堂总结。在这四个教学环节中，探究新知和巩固练习是重点环节。

（1）复习导入新课，大约用时5分。教师通过演示两种不同的分法，让学生列出算式。这样既复习了两种分法的含义，又引起了学生的学习兴趣，为教学新课做好了铺垫。

（2）探究新知，这是本节课的重点环节，因此在时间上也给予了充分的保证，大约用时20分。根据知识之间的逻辑关系，教学安排了以下四个层次。

① 分一分：重在让学生弄清图意，明确分的要求、结果，意识到有两种不同的平均分。

② 认一认：在平均分香蕉的过程中，列出除法算式。

③ 想一想：把不同的分法抽象成除法算式，巩固对除法算式的认识。

④ 说一说：说出算式的意义；在此基础上进行两种分法对比，学生通过讨论进行分析比较，找出两种分法的相同点和不同点；最后是尝试练习，学生通过动手操作，进一步理解两种分法的含义。这样安排教学使学生对两种分法有较透彻的理解，初步弄清了两种分法的联系和区别，加深了对除法两种含义的理解，充分体现了教师的主导作用和学生的主体作用，培养了学生观察、比较及口头表达的能力，利于难点突破，重点突出，学生容易接受。

（3）巩固练习，这是本节课的重点环节，大约用时10分。

针对本节课的教学重点、难点，低年级学生的特点，以及由易到难、由简到繁的教学原则安排了画一画、改错题、写出算式、投篮游戏、思考题等练习。画一画主要是让学生通过连线和圈一圈，结合图意写出除法算式，并说明每个算式表示什么意思；学生通过改错题增强识别能力，在此基础上完成练一练的第二题正确区分第一种分法和第二种分法，激发学习兴趣，促使技能的形成。思考题的目标为沟通两种分法的联系，这样安排练习目标明确，层次清楚，不仅保证了练习内容的全面性，而且避免了练习的机械重复。在练习过程中，教师要注意学生的反馈信息，及时调整教学过程，不断强化正确信息，纠正错误的信息，促使学生智力、技能的形成。

（4）课堂总结。这一环节主要从回顾本节课的主要知识、强调注意的内容两个方面进行总结。安排这一环节是根据整体原理，使学生对整节课有整体呈现，再从整体上认识本节课所学的内容，大约用时5分。

【教学方法和学法指导】

本节课采用的主要教学方法有启发谈话法、直观演示法及练习法。在教学过程中，教师运用分享式教学理念，针对学生提出的问题，再运用学生已学过的知识和已有的生活经验，让学生在观察的基础上进行对比，在交流分享中找出两种分法的相同点和不同点，既提高了学生的注意力，又易于教师及时了解学生的情况，对出现的问题能及时补救，并启发学生的思维。教师通过演示分香蕉的不同方法，使学生在感性经验的基础上加深对两种分法的认识。使用直观演示法是为了给学生提供鲜明的感性材料，以让学生理解两种分法的过程有什么不同，有助于发展学生的观察和思维能力。使用练习法是为了加深学生对所学知识的理解，使学生在教师的指导下巩固与运用知识，形成技能并提高能力。

【板书设计及依据】

教师依据本节课的教学重难点设计了板书，将课题写在黑板正中，下面是例题实物图，图下写算式及意义。这样设计板书简明扼要，把教材的主要内容展示在学生眼前，板书两个算式的意义，是为了揭示两种分法的区别，利于学生加深对除法两种含义的理解，突出了教学重点，完成教学任务。

【教具的使用】

本节课使用的教具是图片、实物、课件。图片的展示和实物的演示为学生提供和积累了丰富的感性经验，加深了学生对两种分法的认识。课件的使用激发了学生的学习兴趣，有利于提高练习的效率，收到了良好的教学效果。

《分香蕉（认识除法的意义和除法算式）》教学反思

《分香蕉（认识除法的意义和除法算式）》这节课是在学生学习了"分物游戏""分苹果""分糖果"的基础上进行教学的。学生已经积累了较丰富的感性经验，对"平均分"有了较深刻的认识。

教师在教学时通过故事导入"分香蕉"的具体情境，引导学生在平均分的过程中抽象出除法算式，从而理解除法与平均分的联系，体会除法运算的意义。学生有了问题"分12根香蕉，每份同样多，可以怎样分？"教师再让其进行思考，给学生充足的时间和思考的空间，让他们自主探索、交流分享，展示交流不同的分法，激发学生的潜能。学生出现两种不同的思路：一种是"平均分成几份，每份是几根"，另一种是"每几根1份，可以分成几份"。教师让学生通过分一分、摆一摆、说一说、写一写，进一步加深理解把一个物体平均分的意义。教师在教学过程中还利用课件动态展示"分香蕉"的过程，使学生理解算式的生成过程，能回到具体情境中解释除法算式的实际意义。

　　教师在教学中不仅教给学生观察的方法，使学生抓住重点，有目标、有顺序地进行观察，有利于学生抓住事物的本质，还教给学生比较的方法，在观察的基础上，引导学生分析比较，让学生知道比较什么，从分的过程、算式表示等进行比较，找出两种分法的相同点和不同点。在教学中，教师给每个学生参与教学的机会，使学生在观察比较后得到的感性认识，并上升到理性认识，发展了学生的观察能力和比较能力，同时面向全体学生，这也是素质教育思想的体现。

《认识图形》教学设计

【教学内容】

北师大版小学数学一年级下册第36~37页《认识图形》。

【教学目标】

（1）在操作活动中认识长方形、正方形、三角形和圆，知道这些常见图形的名称，体会"面在体上"。

（2）体会长方形、正方形、三角形和圆在生活中的普遍存在，体会数学与生活的密切联系。

（3）在学习活动中，重视培养学生的空间观念和自主探索、合作交流的意识。

【教学重点】

感知正方形、长方形、圆和三角形的特征，理解并体会"面在体上"。

【教学难点】

通过各种活动，体会"面在体上"。

【教学方法】

谈话法、合作学习法、观察讨论法、游戏法。

【教具准备】

（1）长方体、正方体、圆柱等实物若干，印泥、白纸，长方形、正方形、三角形和圆的图片。

（2）学生自备水彩笔。

（3）CAI课件。

【教学过程】

（一）情境导入

（1）出示春天景色的画面：春天如此的美丽，同学们想不想到大自然中去看一看，感受一下春天的气息。我们乘坐这辆汽车去旅行，（出示由长方体、正方体、圆柱组成的汽车模型）你发现这辆汽车有什么特别的地方？

（2）汽车开始行驶，配着欢快的音乐，来到图形乐园，（出示图形乐园）你发现了哪些图形？这是我们今天认识的"图形朋友"，这节课我们来研究"有趣的图形"。

（二）自主探究

（1）找一找。

每个同学选一件喜欢的物品，找一找哪个面上有今天认识的"图形朋友"。学生边指边说。

（2）摸一摸。

看一看、摸一摸你找到的"图形朋友"，你有什么感觉？

（3）图形搬家。

① 讨论：怎样把"图形朋友"移到纸上？学生四人小组合作，利用手中的工具，在纸上画出或印出自己刚才摸的面。

② 学生上台展示成果，分享汇报：怎样得到想要的面？

③ 课件演示平面图形从立体图形上移下来的过程。（画、印等方法）

④ 学生用喜欢的方法将"图形朋友"移到纸上。

（4）揭示特征。

我们从长方体、正方体、圆柱和三棱柱上的一个面分别找到了长方形、正方形、圆和三角形，它们都长什么样呀？请学生用自己的语言描述一下。

教师展示用智慧花拼成的图形，学生将抽屉中藏的图形摆在相应的图形下方，摆对的可以取走智慧花。教师引导学生将黑板上的图形归类总结，揭示特征。

（5）游戏：你说我拿。

学生每人一个信封，信封中装有不同的图形。

由一名学生说图形的名称，其他学生取出这种图形。

（6）小汽车该在哪儿停车？出示四个交通标志牌。

说一说这些交通标志牌的形状及表示的意思。

引导学生遵守交通规则。

（7）分一分，连一连。学生独立完成教材第36页"连一连"，在全班分享一下自己的想法。

（8）说一说。教室里找一找，哪些物体面的形状与这些图形相同？说一说，你还在什么地方见过这些图形？课件出示生活中的一些图形。

（9）想一想。学生想象：教师说一个图形的名字，学生闭上眼睛，然后边想边画它的样子。

（三）巩固应用

（1）连一连。和电脑比赛连线。完成教材第37页"连一连"。

（2）猜一猜。出示卡通的"图形朋友"。

人物一：我要找的物体的面都是长方形。

人物二：我要找的物体有两个面是圆的。

人物三：我要找的图形的面都是正方形。

根据学生的回答连线。

（3）出示图形拼成的火箭，想一想是由哪些图形拼成的？

（4）拼一拼。小组合作拼图。

（5）拓展延伸。数一数：图中有（　　　）个三角形，有（　　　）个正方形。

（四）总结评价

你有什么收获？我们认识了哪些图形？

（五）板书设计

认识图形

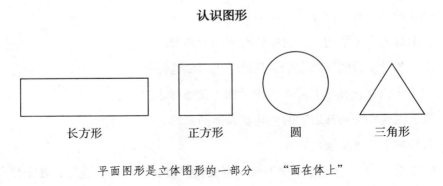

长方形　　　　　正方形　　　　　圆　　　　三角形

平面图形是立体图形的一部分　　　"面在体上"

《认识图形》说课稿

【教材分析】

1. 内容简介

这节课是学生在认识了长方体、正方体、圆柱和球四种简单立体图形的基础上，认识一些常见的平面图形——长方形、正方形、三角形和圆。这节课是这一单元的起始课，是图形与几何领域中的重要内容，是《有趣的图形》这一单元的重点，为学生进一步学习其他平面图形，乃至运用图形描述问题，借助直观图形进行思考奠定重要基础。教材中充分体现了从立体到平面的设计思路，注重让学生通过操作活动体会面与体之间的联系。教材为学生创设了操作、思考和想象的空间，让学生亲身经历抽象出平面图形的过程，帮助学生进一步感受图形的特点，感受图形与图形之间的联系，为以后学习轴对称和面积等积累了活动经验。

2. 教学目标及确定教学目标的依据

（1）在操作活动中，认识长方形、正方形、三角形和圆，知道这些常见图形的名称，体会"面在体上"。

（2）体会长方形、正方形、三角形和圆在生活中的普遍存在，体会数学与生活的密切联系。

（3）在学习活动中，重视培养学生的空间观念、自主探索和合作交流的意识。

教师依据课程标准及《数学教师教学用书》对本节课的要求，以及低年级学生的特点确定了教学目标。学生已经对立体图形有了一定的感性认识，教师通过"从立体图形中得到平面图形"的操作活动，既引入了平面图形的学习，又使学生体会到了"面在体上"，帮助学生体会立体到平面的转换，体会体、面之间的关系；以动手操作为主线，让学生积累图形认识的活动经验，发展学生的空间观念。

3. 教学重难点及确定的依据

本节课的教学重点：感知正方形、长方形、圆和三角形的特征，理解并体会"面在体上"。

教学难点：通过各种活动，体会"面在体上"。

认识平面图形是比较抽象的，教师需要借助操作活动帮助学生直观感知。同时，学生对平面图形的认识不是一步到位的，需要在长期的学习过程中逐步体会。为此，无论是平面图形的引入，还是对平面图形的进一步认识，都需要大量的操作活动，以使学生在操作中逐步加深对平面图形的认识。教师据此确定了本节课的教学重点和难点。

【教学设想】

本节课设置了四个教学环节：一是情境导入，二是自主探究，三是巩固应用，四是总结评价。在这四个环节中，自主探究和巩固应用是重点环节。

（1）情境导入，大约用时5分。教师出示春天画面，在美丽的风景中，带学生去郊游（出示由长方体、正方体、圆柱组成的汽车模型），教师提问：你发现这辆汽车有什么特别的地方？再出示图形乐园，揭示课题。这样开课独具匠心，极大地激发了学生的学习兴趣。

（2）自主探究，这是本节课的重点环节，大约用时15分。教师根据知识之间的逻辑关系安排了三个层次。

第一层次：做一做，你能得到哪些图形？

教师先通过找一找、摸一摸、图形搬家等活动，让学生四人小组合作，将找到的平面图形"留（描、印）"在纸上，并在全班分享交流方法。教师再引导学生将黑板上的图形归类总结，揭示特征。

第二层次：分一分，连一连。

教师通过游戏活动——你说我拿，以及教材第36页"分一分，连一连"练习等让学生辨认，帮助学生建立对四种平面图形正确的表象。

第三层次：说一说，想一想。

教师让学生通过寻找生活中的平面图形，体会数学的应用价值，提高观察能力和探究数学现象的意识和能力。

（3）巩固应用，是本节课的重点环节。针对本节课的教学重点和难点，遵循由易到难、由简到繁的原则，教学安排了连一连、猜一猜、想一想、拼一拼、数一数的练习，这样安排练习，既保证了练习的全面性，又在形式上避免了单一性，尤其小组合作拼图，将本节课又推向一个新的高潮，大大活跃了课堂气氛。数图形的练习让学生从不同角度体会图形的"趣"和"美"。

（4）总结评价。教学采用问答形式，让学生对本节课所学知识进行梳理回顾。这一环节不仅能使学生形成正确、清晰的表象，而且有利于培养学生的概括能力。

【教学方法】

本节课采用的主要教学方法是演示法、启发谈话法，学生通过猜一猜、摸一摸、做一做、分一分、连一连、说一说等活动，在教师的启发引导下体会"面在体上"。在这节课中，教师要注重对学生学法的指导，运用分享式教学理念，让学生在大量的操作活动中感知平面图形的特征。

【板书设计】

（见教案）

这样设计层次清楚，有利于发展学生的空间观念。

【教具准备】

本节课采用的教学手段有实物、图形、多媒体等。实物、图形的运用有利于学生形成丰厚的表象，多媒体的运用可以加强课堂教学密度，提高学习效率。

《认识图形》教学反思

认识图形是学习平面图形的起始课，学生已经对立体图形有了一定的感知。因此，教师在教学时应尊重学生已有的生活经验，将立体图形作为认识平面图形的重要认知基础。

新课从学生感兴趣的春游开始导入，一辆由长方体、正方体、圆柱等组成的汽车模型吸引了学生的注意力，教师提问"你发现这辆小汽车有什么特别的地方"，学生的思维被激活。伴随着欢快的音乐，小汽车开始行驶，来到图形乐园，教师提问"你发现了哪些图形"，从而揭示课题。学生充满了探究新知的强烈欲望，发挥了主体性。这样的教学设计符合低年级学生的认知特点。

接着，教师依次出示长方体、正方体、圆柱和三棱柱等图形，引导学生观察这些物体上面都有各种各样的面，并提出问题：我们要想得到它的其中一个面怎么办？学生先独立思考，再在四人小组合作中完成"图形搬家"活动。然后，教师通过让学生完成看一看、说一说、画一画、印一印的学习活动，使学生直观地认识这些平面图形，体会平面图形与简单几何体的关系。教学注重学生以自己内心的体验来学习数学，培养了学生的观察能力和运用所学进行分享交流的意识，更好地体验了"面在体上"。学生经历了问题—思考—分享的学习过程，尝试找出怎样利用物体来描出平面图形的策略。教师通过让学生充分参与操作性和探索性的学习活动，体现了以生为本的教学理念，培养了学生的空间观念、观察能力、数学语言表达能力、动手操作能力以及分析、比较、概括等逻辑思维能力；同时，有效地提高了学生合作的意识，进一步加深了学生对所学图形特征的认识。

最后，教师再次创设问题情境：说一说，"在生活中你还在什么地方见过这些图形"，让学生把所学的新知运用到现实生活中，使学生感觉学习数学有用，感受图形与日常生活的密切联系，增进了对数学的价值和作用的认识，激发了学习图形的热情。

对于一节课来讲，教师应针对低年级学生的年龄特点，制作精美的教具，设计趣味性较强的练习形式，为学生营造愉悦和谐的学习氛围，以促进学生积极地投入到一环又一环具有挑战性的自主学习、交流分享活动之中。

小学的几何知识属直观几何，特别强调小学生的实践活动。教师在教学中应准确地把握这一特点，将引导小学生观察、操作等实践活动放在十分突出的位置，并辅以实物、图形、教具、课件的演示，切实起到化难为易、化静为动、化抽象为具体的作用，不仅有利于学生建立概念、掌握规律，而且能促使学生空间观念的形成和逻辑思维能力的发展。

《快乐的动物（"倍"的认识）》教学设计

【教学内容】

北师大版二年级上册第70~71页《快乐的动物（"倍"的认识）》。

【教学目标】

（1）使学生在比较小动物数量关系的过程中体会"倍"的意义，进一步理解除法的意义。

（2）引导学生学会用图形直观和除法算式表示两个数量之间的倍数关系。

（3）培养学生初步的观察和分析能力，发展学生数学应用意识和解决问题的能力。

【教学重点】

体会"倍"的意义。

【教学难点】

体会"倍"的意义，解决与"倍"有关的实际问题。

【教学方法】

谈话法、合作学习法、观察讨论法、游戏法。

【教具准备】

小动物卡片、小棒若干、三角形、圆片等。

【教学过程】

（一）谈话导入，揭示课题

同学们，今天老师和同学们一起逛动物园。动物园里有一个新规定：每到一个地方，必须答出动物给大家出的问题，否则就不让通过。大家愿意跟老师一起去逛动物园吗？（出图）动物园里有许多动物，请你统计一下小动物各有多少只。

（1）小猴子出题考大家：

6里面有几个2？8里面有几个4？

（2）大猴子出题难大家：

6里面有3个2，6是2的几倍？

8里面有2个4，8是4的几倍？

揭示课题："倍的认识"。

（二）探究新知

1. 建立"倍"的概念

比较小猴子和小鸭子的数量关系，初步认识"倍"，进而揭示课题："倍的认识"。

（1）说一说。

猴子妈妈出题：用学具摆出小猴子和小鸭子的数量，比较小猴子和小鸭子的数量，你能提出什么数学问题？

学生可能会说：小鸭子比小猴子多3只，小猴子比小鸭子少3只。

（2）画一画，圈一圈，认一认。

师：除了对小鸭子和小猴子的多少进行比较之外，我们还可以从另一个角度来比较。

3只小猴子圈在一起看成一份，6只小鸭子，也把每3只圈在一起，就有这样的2份，用除法算式表示为：$6 \div 3 = 2$（6里面有2个3，6是3的2倍）。

小结：除法算式不仅可以表示一个数量的平均分问题，还可以表示两个数之间的倍数关系。这节课我们学习"倍的认识"。

2. 师生共同摆小棒

（1）师：拿出2根小棒摆在第一行，第二行摆3个2根。看谁摆得又快又好！

提问：第二行一共摆了几个2根？第一行摆了2根小棒，第二行小棒的根数和第一行相比，有3个第一行那么多。我们就说，第二行小棒的根数是第一行的3倍。同桌之间相互说一说。

（2）教师在第二行再添上2根小棒。问：现在第二行有几个2根？第二行小棒的根数是第一行的几倍？

（3）小结：第一行摆2根小棒，第二行摆4个2根，我们就说第二行小棒的根数是第一行的4倍。

学生在小组内相互说一说。

（4）师再提问：如果要使第二行小棒的根数是第一行的5倍，该怎样摆？摆好后，再让学生说一说，为什么这时第二行小棒的根数是第一行的5倍。

在第一行再加上1根小棒，说一说：

现在第二行小棒的根数还是不是第一行的5倍，为什么？

如果第一行小棒的根数不变，怎样才能使第二行小棒的根数是第一行的5倍？

3. 练一练：画一画，圈一圈，填一填

学生独立完成：

小鸡的只数是松鼠的几倍？

小鸭子的只数是松鼠的几倍？

小猴子的只数是孔雀的几倍？

学生先用圆片摆一摆、圈一圈，再列式计算。同桌之间相互交流想法。

（三）课堂练习

1. 熊猫出题

第一行摆3个△，第二行摆9个△。问：第二行三角形的个数是第一行的几倍？

2. 大象出题

看图填空。

□□□□□□□

△△△△△△△△△△△△△△

□有____个，△有____个，（　　　）的个数是（　　　）的2倍。

3. 抢答比赛（出图）

猴子12只，大象3只，熊猫4只，兔子6只。

学生提出有关"一个数是另一个数的几倍"的问题，其余学生抢答。

（四）课堂总结

这节课你有什么收获？回家后将今天的学习收获分享给爸爸妈妈。

（五）板书设计

"倍"的认识

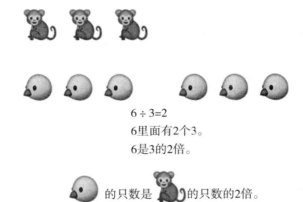

6÷3=2
6里面有2个3。
6是3的2倍。

　　　　的只数是　　　　的只数的2倍。

《快乐的动物（"倍"的认识）》说课稿

【教材分析】

1. 内容简析

《快乐的动物（"倍"的认识）》是北师大版小学数学二年级上册第70~71页的教学内容，"倍"的认识是小学数学起始概念教学，也是低年级数学教学的重点和难点。倍的概念比较抽象，教材没有给出"倍"的定义，而是通过具体的教学活动，让学生体会"倍"的意义。对于小学生来说，教学的主要任务是使学生对倍的概念有感性的初步认识，教师在教学中应加强直观演示动手操作，有意识地渗透数形结合的数学思想，让学生在动中学，初步建立"倍"的概念。

2. 教学目标的确定及依据

（1）教学目标。

① 使学生在比较小动物数量关系的过程中体会"倍"的意义，进一步理解除法的意义。

② 引导学生学会用图形直观和除法算式表示两个数量之间的倍数关系。

③ 培养学生初步的观察和分析能力，发展学生数学应用意识和解决问题的能力。

（2）确定教学目标的依据。根据课程标准的要求和教材的内容，确定了本节课的教学目标。

3. 教学重难点及确定的依据

本节课的教学重点是：体会"倍"的意义。

因为倍的概念是起始概念教学，是学生认识两个数的倍数关系的开始，也是学生解决与"倍"有关的实际问题的基础，所以让学生体会"倍"的意义是教学的重点。

教学难点：体会"倍"的意义，解决与"倍"有关的实际问题。

"倍"的概念比较抽象，对于低年级学生来说理解比较困难。另外，学生初次接触"倍"，以前只了解两个数比多少，对理解两个数之间的倍数关系有一定的干扰。

【教学设想】

根据教材教学安排和特点，结合学生的情况，教学过程设计一共有四个环节，具体如下。

第一个环节：创设情境、引入新课。（5分）

上课伊始，教师创设了"逛动物园"的情境来引入新课："同学们，今天老师和同学们一起逛动物园。动物园里有一个新规定，每到一个地方，必须答出动物给大家出的问题，否则就不让通过。"学生一听，故事中的小动物要出题考他们，都很兴奋，带着愉快的心情准备学习新知识。这时候教师出示色彩鲜艳的"快乐的动物"的图片，学生也会很好奇地欣赏起来。教师让学生认一认、数一数，图上有哪些可爱的小动物，分别有多少只；让学生自己寻找信息，培养其学习的主动性；及时地给予适当的表扬和肯定，建立起学生学习的自信心。

接着，教师通过让小猴子出题考大家、大猴子出题难大家，复习一个数里面有几个另一个数，提出疑问：8里面有2个4，8是4的几倍，激发学生的求知欲，引入新课。

第二个环节：探究新知。教师通过设计实践活动，引导学生体会"倍"的意义。（15分）这个环节分以下三个层次。

第一层次：观察思考，形成表象。

表象是由感知到概念间的阶梯，它具有直觉性和概括性，只有给学生提供丰富形象的感性材料，形成的表象才能清晰、完整。教师可根据小学生好动、喜欢游戏的心理特点，组织学生先用学具代替小猴子和小鸭子，分别摆一摆它们各自的只数；通过摆学具，让学生比较小猴子和小鸭子的数量，引导学生发现小鸭子的只数比小猴子的只数多；再提出问题："如果把小猴的只数（3）看成一份，小鸭子的只数可以看成几份呢？"学生在已经认识平均分的意义的基础上，能很快地想出是"2份"。这时，教师通过圈一圈的方法，先把3只小猴子圈一圈；再把6只小鸭子每3只圈在一起，圈了2个圈，就有这样的2份，让学生自己来观察发现了什么。教师通过图形与除法算式两方面相结合，让学生在头脑中初步形成"倍"的表象。

第二层次：动手操作，理解含义。

教师让学生自己动手摆小棒，进一步理解"倍"的意义。教师向学生提出明确具体的问题并让学生思考：

（1）第一行摆几根小棒？（2根）

（2）第二行摆几个2根？

（3）第二行小棒的根数是第一行的几倍？

教师让学生一边观察，一边思考。教师明确，从第二行摆了3个2根中知道第二行小棒的根数是第一行的3倍。学生思考回答，从而抽象出"6里面有3个2，6是2的3倍"。这个过程充分发挥了学生的主体作用，让学生动手、动口、动脑，理解"倍"的含义，体会获取知识的乐趣。

第三层次：概括规律，建立概念。

教师在为学生提供丰富的表象的同时，要引导学生对感知的事物做出分析比较，进行抽象概括，归纳出一个数是另一个数几倍的规律。学生通过画一画、圈一圈、填一填等活动解决下面的问题，"小鸡的只数是松鼠的几倍""小鸭子的只数是松鼠的几倍""小猴子的只数是孔雀的几倍"，得出"一个数里有几个另一个数，就是另一个数的几倍"这一规律，进一步理解"一个数是另一个数的几倍"的含义。

第三环节：课堂练习，巩固新知。（15分）

在学生学习新知识后，教师通过相关练习，巩固"倍"的运用，从而培养学生的具体运用能力和合作学习的良好习惯。教师再通过相关作业练习掌握学生的情况，进而调节教学进度和方法，为下一节课的教学做良好的铺垫。

基本练习采用看图圈一圈、填一填及书上练一练的形式巩固了学生对倍的概念的理解，练习直观生动，符合低年级学生年龄特征，激发了学生的学习兴趣。

综合练习使学生加深了对倍的概念的认识，同时，培养了学生的观察能力、思维能力和初步的应用知识解决简单实际问题的能力。

抢答比赛（提高练习）。采用抢答形式提高学生思维的敏捷性。

第四环节：全课总结（5分）。

采用师生共同小结的形式使倍的概念在学生脑海中留下清晰而深刻的印象，并激励学生继续努力学习。这节课的教学过程既丰富了学生的认知结构，又符合小学生的学习习惯（由表及里、由浅入深、层层推进的认识过程），学习效率自然有所提高。

【教学方法和学法指导】

本节课主要的教学方法是启发谈话法、直观演示法、操作法及练习法。

首先，课程标准要求教学从学生的实际出发，通过实物、教具、学具引导学生在理解的基础上掌握"倍"的意义，防止死记硬背。其次，由于概念的抽象性与儿童以形象思维为主之间的矛盾，概念难理解，学生年龄小，理解能力弱。根据学生的认知规律和概念教学的特点，教师只有加强直观演示和操作，才能使学生更好地理解和掌握概念。在运用直观演示法、操作法的同时，教师要充分发挥启发谈话法的作用，采用有计划、有目标、有层次、有启发性的问题，引导学生有条理地操作、有根据地思考，并用语言表述操作过程、思维过程，培养学生良好的思维习惯，发展学生的抽象思维能力和语言表达能力。

【板书设计】

为了突出重点，板书将例题放在最醒目的中间位置。动物图片生动、形象且富有趣味性。整个板书直观、形象、层次清楚、重点突出，充分体现了低年级教学要加强直观的特点。

《快乐的动物（"倍"的认识）》教学反思

《快乐的动物（"倍"的认识）》这一课，是在学生理解了乘、除法的意义以及它们之间的关系的基础上进行学习的。建立"倍"的概念的关键在于联系学过的"一个数里包含几个另一个数"的知识，真正理解一个数是另一个数的几倍的含义，对于思维能力还比较弱的二年级学生来说是比较抽象、难以理解的，因此在复习旧知识基础上引发形成建立"倍"的概念，就成为教学中十分重要的一环。为此，教师在教学上进行了精心的安排。

1. 创设情境，设疑引趣

一开课教师就创设"逛动物园"的情境：先让小猴子出题考大家，又让大猴子出题难大家，以此进行知识准备和思维启动，为导入新课、学习新知识做了铺垫和准备。这一情境贯穿始终：前有铺垫，后有照应，既充满了生动活泼的儿童情趣，又使整个教学过程严密紧凑，浑然一体。

2. "动""思"结合，以"动"促"思"

教师在探究新知阶段，有序地安排了如动手、动口、动眼、动脑等实践操作环节，层层诱导、步步深入，帮助学生沟通新旧知识的联系，建立"倍"的概念。但"动"只是手段，"思"才是目标。因此，教师在每次指导学生操作时，必先以问题引路，然后以"说"导"思"。这种"动"前"想"，"动"

后"说"，"动""思"结合，以"动"促"思"的做法，对于建立"倍"的概念和培养学生初步的逻辑思维能力，都是大有裨益的。

3. 练习设计，别具一格

练习设计目标明确，层次分明，形式多样，生动活泼，特别是最后的"抢答比赛"，一题多问，构思精巧，将整个教学推向高潮，更是给人留下了深刻的印象。

《什么是周长》网络环境下的学习活动设计及简析

【教材与学情分析】

《什么是周长》这节课是北师大版三年级上册第五单元的内容。在学生认识了平面图形的基础上学习平面图形的周长，教师从学生熟悉的生活事例入手，通过描树叶的边线、摸身边的物体的面的边线等操作活动，加深学生对周长的感性认识，使学生建立丰富的表象，初步认识周长的意义。

（一）学习目标

1. 知识与技能目标

结合具体事物或图形，通过观察、思考、操作等活动，认识物体表面或图形的周长。

2. 过程与方法目标

会计算多边形的周长，并能寻求简单合理的运算途径。

3. 情感、态度与价值观目标

能与他人合作测量物体表面或简单图形的周长，获得测量周长的活动经验，感受周长与实际生活的密切联系，培养合作意识和主动探索的精神。

（二）学情分析

三年级学生已经学习平面图形，教师在学生已有知识经验的基础上，通过创设生动具体的情境导入新课，激发学生的学习热情；通过描树叶的边线、摸物体的面的边线，让学生亲历"做数学"的过程；通过让学生量一量、算一算自己摸的面的周长，关注学生对测量的体验。

（三）课前准备

课件、同样长的绳子若干、彩笔若干。

【网络环境下学法设计及学习策略】

多边形分享式小组合作学习策略说明如下。

（1）学习的核心：以学生小组"分享过程、共享成果"学习策略为中心。

（2）教材：以"三维"学习目标为依据。

（3）教师：组织、引导、促进、伙伴。

（4）学习环境：一人一机、局域网。

（5）资源网络：百度搜索、教学课件辅助的学习成果展示交流、共享成果。

（6）突出：在重难点学习中，培养小组合作攻关精神。

【学习资源选择与运用设计】（表5-7）

表5-7　学习资源选择与运用设计表

类别	序号	学习资源内容	呈现方式	操作、应用	应用时间（分钟）	来源
课件运用	课件1	动画视频	播放	激发起学生的学习兴趣，为新课的学习奠定基础	3	自制
	课件2	树叶和数学书封面的图形	出示图片	学生动手描一描，初步感知周长的意义	5	自制
	课件3	桌面、尺子、黑板	出示图片	学生动手摸一摸，直观体验	5	自制
	课件4	小组合作要求	出示图片	学生量一量，小组合作解决问题	10	自制
	课件5	方格图中的图形	出示图片	学生借助方格图数一数图形的周长	5	自制
	课件6	巩固练习1	出示图片	课堂练习，巩固新知	3	自制
	课件7	巩固练习2	出示图片	培养估测能力	3	自制
	课件8	拓展延伸回顾复习	动态演示	课堂小结，回顾复习	6	自制

【"网络环境学习模式"图】（图5-1）

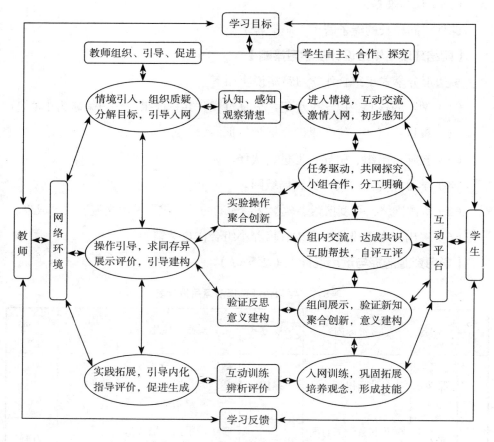

图5-1 《什么是周长》小组合作"五环"学习模式图

教师的"三引"和学生的"五环"之间通过"四步"来贯穿连接，环环相扣，每一步都是课堂组织中不可少的部分。

在多媒体辅助环境下，《什么是周长》一课从与数学相关的游戏中让学生领略其中的奥妙，体验其中的乐趣；在生动活泼的情境中，激发学生的学习兴趣，培养学生合作意识和主动探索的精神；借助学生已有的知识和经验，从不规则的图形入手，通过看、描、量、数、等系列的操作学习活动，让学生直观地体验和感悟周长的实际意义，提高学生分析推理能力；培养学生观察、语言表达、动手和初步运用数学解决问题的能力。

【学习过程】

（一）活动导入

1. 学习活动：创设情境，揭示课题

（出示课件1）

师：一天，小蚂蚁找到了一块又香又甜的面包，它沿着树叶爬呀爬。（播放动画）

师：仔细观察小蚂蚁走过的路线。（指着画面上小蚂蚁走过的路线）小蚂蚁是怎样走的？

生：小蚂蚁围着树叶走了一圈。

师：用手模仿蚂蚁爬的路线。

设计意图：通过看蚂蚁爬树叶的边线的情境动画，学生激发学习热情，初步感知"一周"。再通过用手势画出蚂蚁爬过的路线，直观地感受周长的表象。闪烁树叶的"边线"渗透从边上的任意一点出发，绕边线一周回到原来的那一点都是指图形的周长的概念，学生借此表象来认知"周长"。

2. 小组活动

（1）观看动画。

（2）说一说，用手模仿。

3. 网络资源运用

（出示课件2）：看蚂蚁爬树叶的边线的动画。

4. 效果与反思

课件激发了学生的学习热情，让学生以最饱满的状态投入本节课的学习，使课堂教学更加有效。

（二）探究新知

1. 学习活动：自主探究，分享讨论

（1）活动一：描一描。

下面请你们动手描一描，用彩笔描出树叶和数学书封面的边线。

师：说一说你是怎么描的？

我们在描边线的时候一定要注意，从哪里开始就到哪里结束。

师：这是数学书封面的边线，你描对了吗？从哪里开始就到哪里结束，都要沿着图形的边线来描。

（2）活动二：摸一摸。

请同学们找一个你身边的物体，指一指或摸一摸它的边线。

刚才我们通过描一描发现：小蚂蚁沿着树叶的边线爬了一周，它爬过一周的长度就是树叶的周长。彩色铅笔沿图形边线描了一周，彩色铅笔描的长度就是这个图形的周长。

请同学们找一个身边的物体，指一指，说一说，什么是周长？

（出示课件3）：桌面一周的长度就是桌面的周长，尺子表面一周的长度就是尺子表面的周长，黑板面一周的长度就是黑板面的周长，长方形一周的长度就是长方形的周长，三角形一周的长度就是三角形的周长，正方形一周的长度就是正方形的周长。

（3）活动三：（出示课件4）量一量。

下面我们来量一量树叶和数学书封面的周长。

四人小组合作完成，活动要求如下：

（1）想一想。同学们，想一想如何得到树叶和数学书封面的周长？有什么好的办法？

（2）做一做。同学们可以选择测量工具和方法，实际测量一下树叶和数学书封面的周长。

（3）说一说。同学们都用了什么测量方法呢？

（4）比一比。同学们用了不同的方法，你喜欢哪种方法呢？理由是什么？

下面我们进行分享交流：先在小组分好工，然后在全班分享。

第一小组同学测量的是树叶的周长，他们先用一根绳子沿着树叶的边线围了一圈，在绳子上做了一个记号，再用尺子从绳子的开头量到做记号的地方，量的长度就是这片树叶的周长。第二小组同学测量的是数学书封面的周长，他们用尺子沿着数学书的边线量了一圈，把几次量的长度加起来就是数学书封面的周长。

同学们在测量时尽可能减少误差，可以多测量一次，以保证结果的准确性。

（4）**活动四：**（出示课件5）数一数。

下面图形的周长分别是多少厘米呢？

我们可以借助方格图得出图形周长。每个方格边长是1厘米，然后数一数，就能得到图形的周长。这个长方形的长占了六个小格是6厘米，长方形的宽占了四个小格是4厘米，所以用来表示长方形的边线，一共包含了20个小方格的边长，这个图形的周长就是20厘米。那么，请你来试着数一下后两个图形的周长分别是多少厘米？（图5-2）

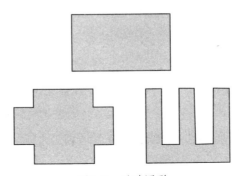

图5-2　活动图形

设计意图：让学生通过摸树叶的周长，找生活中的物体表面的周长，拓宽学生对周长的感性认识，建立丰富的表象，初步认识周长的意义。让学生在认识周长的过程中，边摸边说，有利于学生的思维、操作和语言能力同步发展。通过摸一摸、找一找的活动，学生在数学学习中提高了动手操作能力，发展了他们的数学思维。因此，让学生自己悟出图形一周的长度是周长，这一活动的设计，加深了学生对周长的理解与认识。

2. 小组活动

（1）通过看、描、摸、量等系列活动，感悟周长的实际意义。

（2）自主合作，探索学习。学生先独立思考，再同桌交流。教师巡视交流情况。

（3）小组合作，集体汇报。

（4）其他学生补充。

（5）讨论与反思。

① 在活动中，你遇到了哪些困难？你又是如何克服困难的？请和大家分享。

② 教师在学生的发言的基础上，及时总结。

3. 网络资源运用

（1）小组合作互助，提高了学生的观察能力、语言表达能力和分析推理能力。

（2）学生初步获得了数学的活动经验。

4. 效果与反思

经历数学知识的应用过程，提高了学生解决实际问题的能力，使学生初步获得了数学的活动经验。

（三）巩固练习

1. 学习活动

（出示课件6）

（1）蜗牛沿着图形的边线爬行一周，请将它们爬的路线画出来。（图5-3）

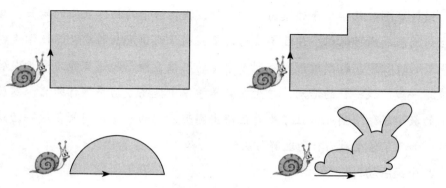

图5-3　课件6题（1）图形

（2）猜一猜：小蚂蚁和小蜜蜂赛跑，它们的跑道一样长吗？（图5-4）

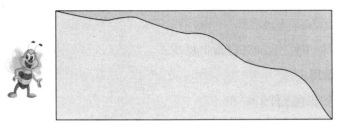

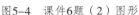

图5-4　课件6题（2）图形

设计意图：在练习中，教师应设计一些有层次、有梯度的练习，以增强学生探究的欲望，拓宽思路。在这一环节中，教师把问题交给学生，当出现不同的观点时，教师不予评价，而是让学生带着自己的疑惑去猜想、讨论、证明，让学生主动地获取知识的同时，体现讨论在这个环节的必要性。

2. 小组活动

（1）学生先独立画一画，在小组中交流。

（2）学生猜一猜，说一说。全班交流分享。

3. 网络资源运用

（出示课件7）

回顾复习，及时巩固。

4. 效果与反思

90％的学生能够通过观察、思考、操作等活动认识什么是周长，提高了观察能力、语言表达能力和分析推理能力。

（四）拓展延伸

1. 学习活动

（1）游戏：使用同样长的绳子围成各种各样的图形。学生展示汇报。

（2）课堂总结：同学们，今天我们一起学习了周长，知道了物体表面一周的长度或图形一周的长度就是这个物体表面或图形的周长。你学到了什么？和你的爸爸妈妈分享一下今天的学习成果。

设计意图：教师创设游戏场面，让学生用同样长的绳子围成各种各样的图形，体会周长的含义。课尾，教师让学生畅谈收获，使所学知识在交流中进一步提升。

2. 小组活动

学生用绳子围一围。教师在白板上展示。

3. 网络资源运用

课堂延伸。（出示课件8）

4. 效果与反思

95％的学生都能很轻松地完成。

【结构图】（图5-5）

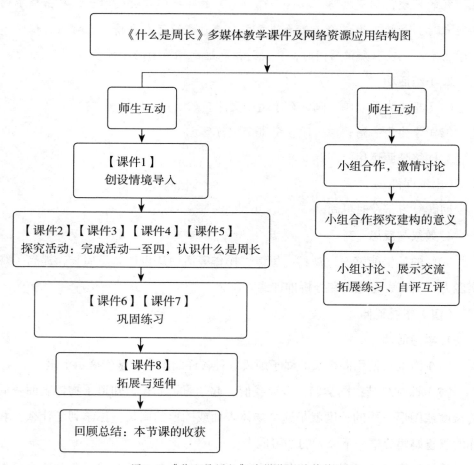

图5-5　《什么是周长》多媒体课件结构图

【板书设计】

什么是周长

物体表面一周的长度或图形一周的长度就
是这个物体表面或图形的周长。

【学习效果分析及评价反思】

（一）知识学习效果反思

《什么是周长》是北师大版三年级上册第五单元的内容。本节课从学生已有的生活经验出发，结合生活中熟悉的具体事物来帮助学生认识周长。

（1）采用快乐教学法教学。本节课通过小蚂蚁爬树叶的动画视频，激发学生的学习兴趣，鼓励学生敢于质疑，引导学生自己动脑、动口，参与学习，使学生变苦学为乐学，把数学课上得有趣、有益、有效。

（2）结合丰富的生活实例，帮助学生初步建立周长的概念。在观察、操作、交流等多种形式的活动中，教师让学生逐步理解周长的实际含义，获得更多、更直观的有关周长的直观经验，建立周长的概念，形成初步的空间观念。在教学中，教师应最大限度地发挥的学生主观能动性和创造性，引导学生主动参与学习，让学生自己组织学习材料，放手给学生提供思维的空间，激发学生的学习兴趣，让学生体验到成功的快乐。

（3）重视实际的测量活动，帮助学生积累测量各种图形周长的活动经验。在教学中，教师设计有效的测量各种图形周长的活动，让学生经历测量周长方法的发展过程，引导学生结合测量对象的特征，经历选择测量工具、确定测量方法、与伙伴合作交流、相互交流测量结果的全过程，积累更为丰富的实际测量的活动经验，对周长的意义有更深刻的理解。

整个教学过程都把学生作为学习的主人，教师只作为学习的组织者、引导者与合作者，充分调动了学生的学习积极性，构建了设疑激情—引导探究—应用提高—交流评价—总结回顾五个环节。学生始终在合作中发现问题，在合作中探讨问题，在合作中解决问题。学生从周长意义的角度探索出如何得到平面图形周长的一般方法，体现了知识的产生、形成与发展过程，为后续学习奠定了很好的基础。

（二）创新评价

在教学中，教师不仅运用了网络资源，还设计了多种形式的学生活动，既增强了课堂对学生的吸引力，也更加有力地调动起学生的积极性。生动活泼的活动激发了学生的学习兴趣，培养了学生的合作意识和主动探索的精神，培养了学生观察、语言表达、动手操作和初步运用数学解决问题的能力。